Femmes de chambre, épouses et célibataires

Amélie E. Barr

Writat

Cette édition parue en 2023

ISBN : 9789358810684

Publié par
Writat
email : info@writat.com

Contenu

Femmes de ménage et célibataires

LES FEMMES qui se sont consacrées au célibat à des fins religieuses ont reçu des honneurs à toutes les époques et dans tous les pays du monde, mais celles à qui le célibat a été imposé, soit sous l'influence de circonstances fâcheuses, soit à la suite d'un manque ou d'une folie en elles-mêmes. , ont été l'objet d'un mépris et d'une aversion les plus immérités. Immérité, car on peut affirmer en gros que jusqu'à la dernière génération, aucune femme dans la vie laïque et sociale n'est restée célibataire par désir ou par conviction. Elle était victime d'un désavantage naturel ou d'une circonstance malheureuse indépendante de sa volonté, et avait donc droit à la sympathie, mais non au mépris.

Bien sûr, il existe de nombreuses jolies filles qui semblent avoir tous les avantages pour le mariage et qui pourtant dérivent vers le célibat. La majorité de cette classe a probablement été imprudente et a dépassé son marché. Ils ont trop longtemps tergiversé sur leurs chances. Soudain, ils se rendent compte que leur beauté s'estompe. Ils remarquent que les hommes convenables à marier qui les entouraient dans leur jeunesse ont disparu et que leurs places sont remplies de simples jeunes insensibles. Puis ils se rendent compte de leurs erreurs et regrettent d'avoir pensé qu'être « une petite chose terriblement idiote » et « passer un bon moment » était la fin de leur existence. Il y a suffisamment de chagrins et de déceptions pour être punis ; car ils devinent bientôt que lorsque les femmes cessent d'avoir des hommes pour amants et sont fréquentées par des écoliers, elles se sont déjà inscrites comme vieilles filles.

A ces victimes de la folie ou de l'irréflexion sont étroitement liées les femmes qui restent célibataires en raison de leur vanité excessive – ou de leur cruauté naturelle. "Ma chérie, j'ai été cruel il y a trente ans, et personne ne me l'a demandé depuis." Cette confession d'une tante à sa nièce, bien que tirée d'une pièce de théâtre, est suffisamment vraie pour raconter la véritable histoire de nombreuses vieilles filles . Leur vanité les rendait cruels et leur cruauté les condamnait à une vie solitaire et sans amour. Cependant, une observation attentive des femmes célibataires que l'on connaît révélera que ce n'est pas du rang des femmes stupides ou cruelles que viennent la majorité des vieilles filles. En règle générale, les hommes n'aiment pas les femmes idiotes ; et par une sage disposition de la nature, ils aiment plutôt épouser de jolies créatures sans défense, qui ne peuvent s'en empêcher. Les femmes cruelles ne sont pas non plus universellement impopulaires. Certains amants aiment être snobés et n'apprécieraient pas une épouse qu'ils n'auraient pas dû chercher à genoux. Il y a donc toujours des chances pour les femmes stupides et cruelles.

Ce sont les femmes faibles et incolores, qui ont en privé de forts préjugés et publiquement aucune affirmation d'aucune sorte, qui ont, même dans leur jeunesse, peu d'opportunités. Soit ils n'ont pas le pouvoir d'aimer fortement, soit ils n'ont pas le pouvoir d'exprimer leurs sentiments. Ils n'ont pas le courage de prendre une mesure décisive. Ils aspirent aux avances et, lorsqu'elles sont obtenues, ils reculent. Ils sont constitutionnellement si timides qu'ils craignent toute mesure ou toute condition qui constitue un changement positif et définitif. Si le mariage comportait quelques réserves et incertitudes, quelques échappatoires par lesquelles ils pourraient se traîner en dernier recours, ils seraient plus sûrs de leurs propres souhaits. Ce sont les demoiselles d'esprit faible, qui jettent le reproche au célibat féminin.

Elles se sentent d'une certaine manière incomprises et lésées, et finissent par considérer toutes les autres femmes comme leurs ennemies. Ils s'inquiètent et s'inquiètent continuellement, et l'inquiétude et l'inquiétude aiguisent à la fois leurs traits et leur caractère. Alors leur état est précisément le plus propice aux plaintes et aux commérages malveillants ; et ils tombent, dans leur faiblesse et leur désir de sympathie, à ce niveau. On donne ainsi à toute la classe une réputation de insulte malveillante qui ne lui appartient en aucun cas. En fait, les femmes mariées sont généralement plus venimeuses que les vieilles filles. Les paroles des femmes mariées ont plus de poids et font plus de mal ; car ils peuvent faire des suggestions et des accusations qu'une vieille fille ne pourrait faire avec convenance. Les commérages d'une vieille fille sont généralement sans méchanceté intentionnelle ; elle n'a rien à faire et elle veut se rendre agréable ; tandis que les femmes mariées, ayant bien d'autres choses à faire, doivent, en général, parler de scandale par pure méchanceté.

Il existe une grande majorité de vieilles filles qui doivent être sincèrement respectées et parmi lesquelles les hommes sensés et intelligents peuvent choisir des épouses nobles. Ce sont des femmes jolies, pures et sensées qui ont été trop modestes et trop féminines pour se hisser dans les rangs sociaux. Ils ont habité dans leurs propres maisons et parmi leurs propres gens, et personne ne les a recherchés. Ils ont vu leur jeunesse passer, tous leurs désirs innocents s'évanouir, et ils ont souffert ce que peu de gens peuvent comprendre avant d'atteindre ce calme qu'aucune pensée d'amant ne trouble. De jolies fleurs fanées ! Avec quelle tendresse nous devrions considérer ces douces victimes de ces modestes vertus domestiques que tous les hommes prétendent admirer, mais que peu semblent désireux de transplanter dans leur propre maison.

Une autre classe, quelque peu apparentée à celle-ci, est composée de femmes qui n'ont jamais trouvé leur idéal et ne se sont jamais permis d'inventer pour un autre homme les qualités qui l'élèveraient à leur niveau. Et ces femmes, encore une fois, sont étroitement liées à celles qui restent célibataires parce qu'elles ne se conforment pas et ne se conformeront pas aux conventions et aux règles sociales. Elles sont intelligentes et étranges, et le resteront probablement, surtout si elles refusent aux hommes – comme elles le font le plus souvent – cette ou deux étapes à l'avance qui sont le seul moyen de les réconcilier avec des femmes spirituelles ou intellectuelles.

Ces variétés de femmes célibataires sont principalement victimes de particularités naturelles, ou de circonstances dont elles ne sont pas responsables. Mais au cours de la dernière génération, la condition du célibat féminin s'est considérablement modifiée. C'est un fait que les femmes d'aujourd'hui, avec considération et dans la première gloire de leur jeunesse, s'élisent à cette condition. Certains ont hérité de la haute culture une conception élevée de la valeur de la vie et de ce qu'ils devraient faire de leur vie ; et elles ne perdront pas les jours de leur jeunesse à chercher un mari pour commencer leur travail. D'autres ont une forte individualité et refusent de confier leur temps à autrui. La force de caractère manifestée par de telles résolutions conduit naturellement au célibat. Personne, sauf un homme très faible, ne serait attiré par des femmes ayant un but aussi vital, et les hommes faibles ne seraient pas tolérés par des femmes aussi fortes.

Les sages et les réfléchis peuvent très bien accorder à ces vieilles filles volontaires tout le crédit de leur dessein, car la plupart des gens ne croiront pas à des résolutions tellement au-dessus de leur propre conscience et de leur intelligence. Ils continueront à se moquer de leur état et refuseront d'admettre qu'il s'agit d'un choix. Ils leur lanceront cette vieille fable ennuyeuse du renard et des raisins, alors qu'ils pourraient citer avec beaucoup plus de justesse le chant de Sappho sur les pommes mûres laissées sur les branches les plus hautes des pommiers : « Ce n'est pas parce qu'ils ont été oubliés des cueilleurs, mais parce *qu'ils étaient hors de leur portée* .

Conformément à l'évolution récente, on nous dit que le nombre de femmes célibataires dans le pays est en augmentation constante. Mais cette augmentation ne sera pas répartie entre les idiots, les faibles ou les cruels du sexe. Il viendra de cette classe de femmes dont les yeux ont été ouverts par la diffusion de l'éducation et du raffinement ; des femmes qui n'ont pas peur de travailler pour elles-mêmes, et qui ont effectivement conclu de manière réfléchie que leurs propres efforts et leur propre compagnie seront bien meilleurs pour elles que l'aide et la compagnie de tout homme qui ne soit pas parfaitement en sympathie avec elles, ou qui leur est inférieur, soit moralement, soit. calibre mental . Car ce n'est pas toujours un devoir de se marier ; mais c'est toujours un devoir d'être à la hauteur de notre conception la plus élevée de ce qui est juste, noble et édifiant.

Mais quelle que soit la raison pour laquelle les femmes des générations actuelles et futures restent célibataires, elles n'auront pas besoin de redouter cette situation, comme les femmes célibataires des générations précédentes avaient de bonnes raisons de le faire. Chaque année, ils deviennent plus indépendants. Ils envahissent constamment de nouveaux métiers et accèdent à des positions plus importantes. Ils vivent dans de jolies chambres ; ils s'habillent avec charme ; ils ont un compte bancaire ; ils vont à l' Opéra et au théâtre sous leur propre protection ; et au lieu d'être les humbles parents pauvres de frères et sœurs mariés, ils sont désormais leurs égaux, leurs patrons et leurs invités d'honneur. En outre, les vieilles filles ont commencé à écrire des romans ; et ils nous ont donné des portraits si exquis de leur ordre, des femmes si riches de toutes les grâces féminines, que nous sommes presque obligés de croire que les femmes célibataires parmi nous sont le sel de la communauté.

Quoi qu'il en soit, nous commençons à rejeter le blâme et l'opprobre de la situation sur les vieux célibataires, là où c'est à juste titre leur place ; et c'est au moins un pas dans la bonne et juste direction. Car les vieux célibataires n'ont aucune excuse pour leur état. Si nous omettons les exceptions naturelles et nécessaires, qui sont assez peu nombreuses, alors le pur égoïsme et la lâcheté doivent expliquer tous les autres cas. Leur célibat méprisé est entièrement de leur faute. Ils ont toujours eu l'immense privilège de demander ce qu'ils voulaient ; et la moitié de la bataille était dans ce privilège. Les hommes n'ont pas de femme parce qu'ils ne la demandent pas ; et ils ne les demandent pas parce qu'ils n'en veulent pas ; et c'est dans cet état que résident leur honte et leur dégradation, et le mépris bien mérité avec lequel les parties mariées des deux sexes les considèrent.

Les hommes sont aussi beaucoup plus méprisables et inutiles dans leur célibat que les femmes. Une vieille fille peut généralement se rendre utile à quelqu'un . Si elle est riche, elle s'attache aux œuvres de l'Église, ou à l'art, ou aux enfants de frères et sœurs. Ou bien elle voyage partout dans le monde et écrit un livre sur ses aventures. Si elle est pauvre, elle travaille dur et économise de l'argent ; et devient ainsi un objet d'intérêt et de respect dans son propre groupe. Ou bien elle est infirmière et aide pour tous ceux qui ont besoin de son aide dans son village, ou son église, ou sa famille. En tout cas, elle ne descend jamais à des profondeurs d'ennui et d'égoïsme aussi profondes que celles des vieux célibataires qui flânent sur les canapés des clubs ou qui traînent avec mécontentement aux thés de l'après-midi. Une vieille fille peut être gênante dans les affaires de l'Église, ou particulièrement dans les affaires domestiques ; mais il faut un vieux célibataire pour se quereller avec les serveurs et se plaindre de tous les fous à propos de son menu de dîner. Une vieille fille peut bavarder, mais elle n'ennuiera pas tout le monde à cause de sa dyspepsie ; et si elle doit affamer les autres, nous pouvons être sûrs qu'elle ne tombera jamais sous cette tyrannie des valets et des concierges qui sont la « fronde et les flèches » des vieux célibataires riches et égoïstes.

Dans l'ensemble donc, la femme célibataire devient chaque année plus autonome, plus respectable et plus respectée, et l'homme célibataire devient plus efféminé et méprisable. Nous attendons le jour, pas loin, où un homme devra devenir membre d'un ordre religieux s'il veut une excuse valable pour son célibat ; et même dans la vie laïque, ce ne serait pas une mauvaise idée de vêtir les célibataires après quarante ans d'un certain uniforme. Après cet âge, on pourrait aussi leur conseiller d'avoir leurs propres clubs et loisirs ; car leur présomption d'égalité avec ceux de leur sexe qui ont accompli leur devoir d'hommes et de citoyens est une présomption que les hommes mariés devraient ressentir. Les hommes qui se marient sont les honorables géniteurs de l'avenir ; et leur vie remplie d'abnégation et d'abnégation bénit non seulement cette génération, mais prépare également la suivante. Le vieux célibataire n'est qu'une figure humaine, sans devoirs et sans espoir. Au niveau national et social, au niveau domestique et personnel, c'est une cuillère qui ne contient rien !

La fille américaine

L'UN des types d'humanité féminine les plus intéressants, les plus piquants et les plus pittoresques est la jeune fille américaine, non pas la variété de serre, élevée pour la parure du luxe, mais les filles de tous les jours et de partout qui se pressent sur les routes menant à les écoles publiques et les écoles normales, et qui, même, dans un état de culture plus élevé, remplissent les couloirs des collèges savants d'un charme et d'un éclat merveilleux, - des filles qui ont un but dans la vie, une mission à accomplir, un foyer à commander. , qui connaissent la valeur de l'argent, qui n'ont pas honte de le gagner et qui parviennent, avec des moyens limités, à satisfaire tous leurs désirs de jolies robes et de vacances d'été, et même leur rêve préféré d'un voyage en mer et d'une vue sur le Vieux Monde.

Physiquement, ces filles profitent de la vie à son apogée. Regardez leurs joues rouges et leurs yeux brillants et intrépides, et observez leurs pas légers, rapides et réguliers. Ils n'ont aucune plainte à formuler ni contre la chaleur, ni contre le soleil, ni contre le gel ; ils n'ont pas encore entendu parler du vent d'est. La pluie ne les fait pas traverser ; et quant à la neige, elle les jette dans une excitation délicieuse ; tandis que le vent qui souffle autour d'eux leurs robes en nuages colorés ne fait que les rendre encore plus désireux d'essayer leur force contre lui.

Que ces filles si belles physiquement aient une formation mentale appropriée est un point de la plus haute importance personnelle et nationale. Et c'est la gloire de notre époque que cette nécessité ait été noblement satisfaite. Pour l'Américaine, « la sagesse a construit sa maison et taillé ses sept piliers » ; et en montrant la haute entrée, elle crie à tous : « Montez ; la porte est ouverte!" Si les filles d'il y a cinquante ans avaient pu connaître les privilèges de notre époque , comment auraient-elles été émerveillées , réjouies et désirées « voir leur jour ».

Mais aussi nombreux que soient ses privilèges , l'Américaine sait généralement les utiliser. Elle prouve quotidiennement que la parabole des dix talents ne concernait pas uniquement les hommes. En effet, la faute dans laquelle les filles sont le plus susceptibles de tomber est la croyance qu'elles possèdent toutes chacun des talents. En réalité, c'est si rarement le cas qu'il est impossible d'éduquer toutes les filles selon un même modèle ; et c'est donc une grande chose pour une fille de savoir exactement ce qu'elle peut et ne peut pas faire. Car si elle n'a que cinq talents, il n'y a aucun avantage à en créer de fictifs, puisque l'éducation la plus noble est celle qui vise au développement des capacités naturelles, qu'elles soient peu nombreuses ou nombreuses, à la mode ou démodées.

Demandez à la majorité des gens « Qu'est-ce que l'éducation ? » et ils répondront probablement « L'amélioration de l'esprit ». Mais cette réponse ne nous amène pas au-delà du point de départ. La règle la meilleure et la plus utile pour une fille est probablement une enquête délibérée et consciencieuse sur sa propre nature et ses inclinations quant à ce qu'elle veut faire de son éducation. Lorsqu'elle a fidèlement répondu à la question , elle est prête à se préparer à cette fin. Car il n'est ni nécessaire ni encore possible que toutes les filles sachent tout. En outre, le développement de l'individualité a fait de la connaissance spéciale une chose de grande valeur, et dans toutes les occasions importantes, nous sommes enclins à nous y soumettre. Si nous traversons l' Atlantique, nous recherchons un capitaine qui possède une connaissance particulière de ses voies tumultueuses. Si nous sommes vraiment malades , nous allons chez un spécialiste de notre maladie, quelle que soit la « pathologie » que nous préférons. Les connaissances spéciales ont une valeur prima facie, et sans enquête sur un sujet, nous sommes enclins à considérer les spécialistes en la matière comme mieux informés que ceux qui ne possèdent pas cette qualification. D'où l'importance de cultiver un talent à une telle perfection qu'elle permettra à une jeune fille, si besoin est, de le transformer en argent.

Il y a un autre point dans la préparation de la jeune fille américaine aux devoirs de la vie qui est souvent sous-estimé, voire tout à fait ignoré ; c'est le fait peu connu que la valeur de toutes nos qualités morales et intellectuelles dépend fortement de notre environnement. Les vieux Quakers mettaient beaucoup l'accent sur le fait d'être « à sa juste place ». Lorsque la bonne personne est au bon endroit, la vie est assurée de réussir ; l'échec à cet égard est un malheur presque certain ; un bon comptable avant la messe, une belle dame dans le désert, ne sont plus à leur place et ont perdu leur opportunité. Ainsi, les réalisations éducatives qui apporteraient richesse et honneur dans une grande ville peuvent être préjudiciables au bonheur et un frein au devoir dans une position isolée.

D'où l'importance pour une fille de découvrir d'abord ce qu'elle veut faire de son éducation. Car aujourd'hui, elle n'est nullement à l'étroit dans son choix ; les occupations les plus désirables lui sont ouvertes ; elle peut choisir dans le monde entier son arène et dans sa plénitude sa récompense. Mais si son objectif est plus étroit et plus conventionnel , si tout ce qu'elle souhaite est d'être aimée et populaire dans sa propre petite communauté, alors — si elle est sage — elle ne cultivera qu'un heureux arrangement de réalisations gracieuses et habituelles qui prévalent. parmi sa classe et ses amis. Car une femme très intelligente ne peut pas être à la maison avec beaucoup de monde. Elle est trop grande pour les rythmes réguliers de la société ; elle ne rentre dans aucun de ses petits objectifs et plaisirs ; et même si elle a le cœur le plus bon, ce sont seulement ses singularités qui seront prises en compte. Si donc la popularité est le désir d'une jeune fille, elle ne doit évidemment pas se cultiver elle-même, ne doit pas s'élever au-dessus de son environnement, ni élever ses aspirations plus haut que les objectifs que toute l'humanité a en commun. Et c'est une très bonne chose pour l'humanité que tant de gentilles filles soient satisfaites et heureuses d'un tel objet de vie ; car les grâces sociales et domestiques sont celles qui touchent le plus l'existence, qui adoucissent ses chagrins amers et égayent ses heures les plus mornes.

Il serait insensé d'affirmer que la jeune Américaine est sans défauts. Physiquement et mentalement, elle peut se comparer à toutes les femmes du monde grâce à ses mérites ; moralement, elle a des défauts qui sont l'ombre de ses excellences. On l'accuse principalement de manque de respect, et en mettant de côté pour le moment ses défauts de fille, on peut admettre qu'en général elle a peu de cette qualité. Mais c'est en grande partie la conséquence de son environnement. Le respect est la vertu de l'ignorance ; et la jeune fille américaine n'a aucune tolérance pour l'ignorance. Elle est curieuse, spéculative et encline à s'appuyer sur ses propres enquêtes ; tandis que l'esprit de révérence exige, comme son atmosphère même, la confiance et l'obéissance. Il est donc plus juste de dire qu'elle est elle-même si alerte et si enthousiaste que lorsqu'elle rencontre des vieillards et des femmes qui n'ont rien appris de leurs cinquante dernières années de vie et qui, par conséquent, ne peuvent rien lui apprendre, elle n'éprouve aucune envie de offrir du respect à de simples années. Mais si les cheveux gris sont honorables, soit pour leur sagesse mûre, soit pour leurs connaissances approfondies, soit pour leur piété pratique, ils sont généralement enclins à rendre le meilleur de tous les hommages, le respect qui naît de la connaissance et de l'affection, et qui est une bien meilleure chose que le simple respect. formes de respect traditionnellement offertes à la vieillesse.

On dit aussi que la jeune fille américaine est une fille très vaniteuse, qui aime exhiber sa beauté, sa liberté et son influence. Mais la vanité n'est pas une mauvaise qualité, si elle n'est pas excessive. C'est une once de levain dans le caractère d'une jeune fille et elle fait beaucoup de bon travail pour lequel on lui accorde rarement du crédit. Pour une grande action, un grand motif est nécessaire ; mais combien sont innombrables les petites bontés sociales et domestiques pour lesquelles la vanité est une force suffisante, et qui seraient négligées ou mal faites sans son influence ! Tant que la vanité d'une fille ne s'inspire pas de l'amour-propre, elle n'a pas besoin de porter un sac pour l'humilier. Nous avons tous connu des femmes sans vanité et avons trouvé que c'était des personnes désagréables à connaître.

Il y a un défaut de la jeune fille américaine qui est particulièrement son défaut, et qui ne devrait ni être encouragé ni atténué, bien qu'il soit essentiellement l'ombre de quelques-unes de ses plus grandes excellences : le défaut d'être trop pressée à chaque tournant. moments de sa vie. Quand elle est à la crèche, elle a hâte d'aller à l'école. Lorsqu'elle est écolière, elle est impatiente d'enfiler des robes longues et de devenir une demoiselle. Dès que ce fait est accompli, elle sent qu'il n'y a pas un instant à perdre pour choisir soit une carrière, soit un mari. Elle est toujours pressée par l'avenir et prend souvent la mauvaise direction lors des grands événements de la vie. Elle quitte l'école trop tôt ; elle quitte la maison trop tôt ; elle fait tout à la hâte, et ne le fait pas aussi bien que si elle « se hâtait lentement ».

Mais quel avenir attend ces Américaines charmantes et brillantes, si elles parviennent à en prendre pleinement possession ! Le grand obstacle à cette réalisation est l'opinion apparemment saine selon laquelle l'éducation est suffisante. Mais la meilleure éducation ne sera pas à la hauteur de ses privilèges si elle n'est pas accompagnée de cette formation morale que nous appelons discipline. La discipline est le renoncement à soi sous toutes ses formes les plus élevées ; il enseigne l'excellent juste milieu entre la licence et la répression ; sans cela, une fille peut avoir une plénitude de connaissances et un lamentable manque de douceur ; de sorte qu'une personne de second ordre du côté intellectuel peut être mille fois plus aimable qu'une personne de premier ordre du côté intellectuel, mais il lui manque cette fine saveur de caractère qui vient de l'expansion de nobles forces intérieures, disciplinées et dirigées vers le bien. prend fin.

Tout le monde comprend qu'aucun caractère, si intellectuel soit-il, ne vaut rien s'il n'est pas moralement sain ; mais la moralité chez une femme ne suffit pas à elle seule. Elle doit avoir en plus toutes ces charmantes vertus incluses dans ce mot aux multiples lumières, nuances et significations subtiles : féminité ; ce mot qui signifie une telle variété de choses, mais jamais rien que ce qui est doux et tendre, gracieux et beau.

Rédaction de lettres dangereuses

LES JEUNES femmes aiment, proverbialement, jouer avec des outils tranchants, et de tous ces jouets dangereux, l'habitude d'écrire des lettres dans la promiscuité et avec négligence est la pire ; car dans la plupart des cas, le danger n'est pas évident sur le moment, et l'écrivain peut même avoir oublié son imprudence lorsqu'il doit en subir les conséquences. La romance, l'enthousiasme, le fait de n'avoir rien de particulier à faire, l'égoïsme presque insensé qui donne à certaines jeunes femmes l'envie d'exploiter leur propre cœur, ont poussé la pauvre Madaline Smith à écrire ces lettres stupides à un homme dont elle devait inventer toutes les bonnes qualités. et qui l'a ensuite torturée avec ces mêmes lettres et l'a amenée à un crime qui l'a fait rester pendant des mois à l'ombre de la potence. Elle n'eut pas la patience d'attendre que le véritable amant vienne, et alors quand il arriva , ces lettres fatales se dressèrent entre elle et son bonheur et son beau nom.

L'instinct même qui conduit à écrire constamment des lettres s'accompagne d'un manque constitutionnel de prudence et indique donc la nécessité d'une retenue intelligente. Si les jeunes femmes, lorsqu'elles écrivent des lettres, voulaient seulement se projeter dans le futur et imaginer un moment où elles pourraient être confrontées aux lignes qu'elles viennent d'écrire, beaucoup de missives peu judicieuses iraient dans le feu plutôt que dans le sac postal. . En effet, si des lettres douteuses quant à leur esprit ou à leur intention étaient mises de côté jusqu'au « lendemain matin », bien des torts seraient laissés de côté, bien des amitiés seraient préservées sans être rompues, et bien des imprudences seraient reportées et ainsi non commises. Si en effet une femme pouvait dire honnêtement : « Cette lettre est ma lettre, et si un malheur en résulte, j'ai seul la peine à payer », une correspondance expansive pourrait être moins dangereuse. Mais personne ne peut ainsi limiter la folie ou le péché, et ses conséquences peuvent même toucher ceux qui n'étaient même pas au courant de l'écriture de la lettre.

L'abus de la correspondance épistolaire est l'une des plus grandes épreuves de l'époque. La distance, qui constituait autrefois une protection, est désormais supprimée. Tout le monde crie et insiste pour que vous soyez écouté. Ils écrivent des événements alors qu'ils ne font que se produire. Des personnes inconnues s'immiscent dans votre temps et en prennent possession. Les inimitiés et les amitiés à des milliers de kilomètres se grondent ou se caressent ; l'un est exigeant, un autre colérique, un troisième impose à votre conscience des obligations qu'il a inventées. Pour un simple rien – un oui ou un non –, des gens inactifs et enthousiastes lancent des notes continuelles et insistent pour obtenir des réponses. Or, ce genre d'écriture de lettres n'existe que parce que les frais de port sont bon marché ; si ces correspondants devaient payer vingt-cinq cents pour donner leur avis, ils ne le donneraient pas du tout. C'est aussi une impertinence, car, même si nous aimons assez les gens pour recevoir une visite de leur part, ou même pour la rendre, c'est une chose très différente d'être appelé à se retirer avec une plume, de l'encre et du papier à lettres, et à donner perdre du temps et des intérêts que nous ne sommes pas enclins à accorder.

Beaucoup de filles écrivent des lettres très intelligentes, des lettres qui font écho à leur propre entourage, pleines d'une douce audace et d'une naïve fanfaronnade de connaissance du monde et du cœur humain très engageante. Et la tentation d'écrire de telles lettres est très grande, d'autant plus que l'écrivaine et ses amis ont tendance à les imaginer comme la preuve d'un grand génie. En effet, certains qui ont une plume particulièrement brillante, ou bien un cercle d'admirateurs et de flatteurs particulièrement nombreux, arrivent rapidement à la conviction qu'ils peuvent tout aussi bien écrire un livre. Ainsi, sans raison et sans résultats, ils éprouvent des brûlures, des chagrins et des déceptions. Car il n'y a absolument aucune parenté entre cette éloquence *du billet gracieuse et piquante* et la fantaisie, l'observation et l'expérience nécessaires à l'écriture réussie d'un roman.

Si une jeune fille a vraiment une veine de vrai sentiment, elle ne devrait pas aujourd'hui le révéler dans une lettre. Il existe une manière plus sûre et plus rentable de l'utiliser ; elle peut maintenant l'apporter au marché et le vendre comme pudding, pour les magazines et les journaux féminins. Le sentiment et la fantaisie ont une valeur commerciale ; et au lieu de les sceller dans une enveloppe de deux cents pour une connaissance, qui ne les apprécie probablement pas beaucoup et qui les jette peut-être au feu avec un adjectif méprisant, elle pourrait les envoyer à quelque éditeur qui souffre depuis longtemps. Ces hommes connaissent les profondeurs du cœur des jeunes filles à cet égard, et ils ont une patience dans la recherche de l'or parmi les scories à laquelle on ne croit généralement pas. Par conséquent, si une fille doit écrire, qu'elle envoie ses émotions aux journaux ; une éditrice est une confidente bien plus prudente que son amie la plus chère.

Vraiment, le temps de l'écriture de lettres est révolu. Comme art, il est mort, comme commodité, il demeure ; mais il a perdu tout sentiment. Même Mme de Sévigné ne saurait être charmante sur une carte postale, et pour une véritable information l'idée générale est de la mettre en vingt mots et de l'envoyer par télégraphe. Il est donc bon que les jeunes femmes se débarrassent le plus tôt possible de la tendance de leurs années à écrire des lettres sentimentales. Ils s'épargneront ainsi bien des chagrins dans le présent et bien des craintes pour l'avenir. Car s'ils n'écrivent pas de lettres, ils ne peuvent pas se sentir blessés parce qu'on ne leur répond pas . Ils ne peuvent pas s'inquiéter parce qu'ils ont dit quelque chose d'imprudent. Ils ne feront pas de promesses, dans l'exaltation de la composition, qu'ils ne rompront pas ou qu'ils détesteront tenir lorsqu'ils sont sobres. Ils conserveront aussi plus longtemps leurs amitiés, car ils ne les priveront pas tout à fait de ce charme qui laisse quelque chose à l'imagination.

Bien sûr, il existe encore des lettres absolument nécessaires ; et ceux-ci, à leur manière, doivent être rendus aussi parfaits que possible. Heureusement, la perfection à cet égard est facilement accessible, ses éléments essentiels étant évidents pour tous dès qu'ils sont énoncés. Premièrement, une lettre qui exige ou mérite l'attention d'une réponse doit la recevoir aussi rapidement que si nous payions une facture. Deuxièmement, nous devons écrire distinctement, car une mauvaise écriture représente un tempérament très obstiné et affirmé , ce qui est également injuste, car si nous exprimons nos critiques et nos angulaires lors d'une réunion personnelle, elles peuvent être renvoyées en retour. , mais envoyer une lettre presque inintelligible n'admet aucune représailles mais une réponse dans un gribouillage tout aussi provocateur. Même si l'écriture est négligente et peut être lue avec un peu de difficulté, nous n'avons pas le droit d'imposer cette difficulté supplémentaire. Troisièmement, c'est une bonne chose d'écrire des lettres courtes. Les cas où des gens ont écrit de longues lettres sans s'en plaindre sont sans doute très rares. Personne ne sera jamais pire en disant simplement ce qu'elle a à dire et en signant ensuite son nom clairement et intégralement. Car un nom à moitié signé n'est pas seulement une vulgarité, il indique un caractère inachevé, incertain et hésitant.

Il est une sorte de correspondance qui est un développement particulier de notre civilisation particulière et que, il faut espérer, sera soigneusement évitée par la jeune femme de l' avenir : c'est l'écriture de lettres demandant des autographes. Une femme qui fait cela a une passion qu'elle doit immédiatement arrêter et contraindre à rendre compte d'elle-même.

Si elle le faisait, elle découvrirait rapidement qu'il s'agit d'une passion mesquine, déguisée en un personnage auquel elle n'a aucun droit et pour lequel elle n'a aucune sympathie. Un mendiant d'autographes est une évolution naturelle, même si elle n'est pas très honorable . Elle a sans doute commencé sa carrière d'accumulation en collectant des œufs d'oiseaux à la campagne, où l'on pouvait les obtenir gratuitement. Les papillons étaient probablement sa prochaine ambition. Puis peut-être que cet engouement mystérieux pour les timbres-poste a suivi. Après une telle formation, la manie des autographes viendrait naturellement. Et le seul et unique motif de l'activité de collectionneur n'est rien d'autre que l'amour vulgaire de posséder, et surtout de posséder ce qui ne coûte rien.

Il est amusant et provocant de remarquer l'air de complaisance avec lequel sont imprégnées certaines de ces épîtres de mendicité. Les écrivains semblent incapables de concevoir des hommes d'État, des artistes et des auteurs qui ne seraient pas aussi heureux de donner que de demander. Mais en réalité, un homme ou une femme, aussi distingué soit-il, qui considère qu'une demande d'autographe est un compliment, est trempé d'orgueil, et la grande majorité considère certainement ces demandes comme de simples lettres de mendicité impertinentes. La demande, en effet, comporte un affront, aussi courtois soit-il formulé, car ce n'est pas cet autographe en particulier qui est recherché, car les mendiants préfixent généralement comme excuse le fait qu'ils ont déjà mendié des centaines de personnes. . Il est certain qu'aucune femme qui se respecte ne voudra se placer parmi la foule de ces méprisables chercheurs après un bout de papier.

D'une manière générale, le caractère d'une femme peut être, à bien des égards, équitablement évalué par ses habitudes en matière de rédaction de lettres ; aussi équitablement, en effet, que nous pouvons évaluer la personnalité d'un homme par ses méthodes de gestion de l'argent. Si nous savons comment un homme obtient de l'argent, comment il le dépense, comment il le prête, l'emprunte ou l'économise, nous avons une mesure parfaite de son caractère et de ses capacités. Et si nous savons comment une femme traite ses lettres, combien elle en reçoit, combien elle en envoie, combien de temps elles sont courtes ou longues, si elles sont étalées et en désordre, ou bien rangées et propres, et comment elles sont signées et scellées, alors nous pouvons juger très justement de sa nature, car elle s'est écrite dans un livre ouvert, et tous ceux qui le souhaitent peuvent la lire.

Flirts et flirt

LE FLIRT est le produit d'un état de société hautement civilisé. Les gens vivant dans une vie sauvage, voire analphabète, n'ont aucune idée de sa diplomatie délicate et indéfinissable. Un sauvage voit une femme « qui lui plaît bien », paie pour elle le prix nécessaire et en a fini avec cette liaison. Jane dans la cuisine et John sur le terrain se regardent et s'aiment, se disent pourquoi et se marient. « Tenir compagnie », qui est leur approche la plus proche du flirt, a en vue une fin précise et bien comprise, dont les approches sont sans équivoque et n'admettent aucune autre traduction.

Les flirts sont de plusieurs sortes. Il y a le flirt tranquille, « d'eau calme », qui conduit ses captifs par de tendres petits soupirs et des manières jolies, humbles et suppliantes ; qui s'accroche à chaque mot qu'un homme dit, lui demande son avis, son avis seulement, parce qu'il est bien meilleur que celui de n'importe qui d'autre. C'est sa forme d'art, et elle est très efficace.

Là encore, le flirt est démonstratif et audacieux. Elle tente, éblouit, excite ses victimes par l'audace même avec laquelle elle aborde ce Rubicon étroit mais profond qui sépare le flirt de l'indiscrétion. Mais elle le franchit rarement ; jusqu'à un certain point, elle avance sans hésitation, mais aussitôt il y a un arrêt net, et le flirt se rend compte qu'il a fait un voyage idiot.

Il y a des flirts sentimentaux, des petites chattes rusées, pleines de douces confidences et de petits secrets, et qui se plaisent à poser les questions les plus suggestives et les plus séduisantes. « Est-ce que Willy croit vraiment aux mariages d'amour ? ou : « Vaut-il mieux avoir aimé et perdu que de ne jamais avoir aimé du tout ? etc.

Les flirts intellectuels planent autour des jeunes poètes et écrivains, ou hantent les studios et les bibliothèques, et sont sans aucun doute délicieusement distrayants pour les jeunes idées qui germent dans ces endroits.

Tout le monde connaît une variété de flirt religieux, ces lys sages du jardin ecclésiastique, qui poussent dans les allées agréables où se promènent de pieux jeunes recteurs et des saints éligibles. Peut-être que, comme leur forme de flirt prend la forme d'ex-voto, de visites de district et de chants choraux, leur perpétuel jaillissement de sentiments et leur culte du héros sont avantageux, sur le principe que c'est un vent mauvais qui ne souffle du bien à personne.

Toutes ces variétés féminines ont leurs homologues parmi les flirts masculins, et en outre, il existe certains types masculins qui sont manifestement et universellement communs. Tel est le bel et audacieux oiseau de proie, qui s'avance juste assez pour susciter l'attente, puis se retire brusquement. Ou les hommes qui *insinuent toujours* , mais qui ne font jamais de déclaration honnête ; qui suscitent de vagues espoirs avec une habileté admirable et un fond poétique, et maintiennent les femmes follement et espérons-le amoureuses d'eux par des regards et des gestes auxquels ils ne donnent jamais d'interprétation . Quand ils sont fatigués, ils se retirent lentement, sans dispute, sans explication ; ils laissent simplement leurs promesses implicites mourir de négligence.

Il y a ensuite le flirt prudent, qui ne plaisante qu'avec les femmes mariées ; se balance après ces créatures subtiles et belles qui affectent des vies gâchées et des maris inconfortables, et qui, s'étant mariées par convenance, flirtent par amour. De telles femmes constituent un divertissement sûr pour le flirt masculin lâche, qui craint un flirt qui mènerait peut-être au mariage, mais qui n'a aucune crainte quant à son risque de commettre la bigamie. Il existe des flirts masculins « paternels », des flirts « fraternels » et « amicaux », mais le titre n'est rien d'autre qu'un centre d'opérations convenu .

Pourtant, il est difficile d'imaginer comment, dans une société raffinée, on pourrait se passer du flirt. Une sorte d'examen préliminaire des goûts, des dispositions et des acquis est nécessaire avant le mariage, et une femme ne peut pas avoir sur elle une liste de ses qualités désirables, ni un homme ne peut faire connaître son caractère et ses revenus. Le problème est qu'aucune ligne précise ne peut être tracée, aucune échelle de valeurs morales ne peut décider où finit le flirt et où commencent les attentions sérieuses ; et la société ne s'accorde jamais sur ce qui est innocent et ce qui est répréhensible.

Il y a des gens méchants qui traitent de « terrible coquette » toute fille brillante et joyeuse, préférée des messieurs, qui parle, chante et danse bien ; qui n'admettent comme convenable que ce qui est conventionnellement correct et insipide. Les moyens de flirter sont en effet infinis ; une femme intelligente peut trouver dans la simple *écoute* une méthode pour transmettre la flatterie la plus délicate et l'admiration la plus secrète. En effet, flirter dans sa plus haute qualité est un art qui requiert le plus grand tact et la plus grande habileté, et les femmes qui veulent flirter et être irréprochables, aussi vastes soient-elles, doivent suivre le plan d'Opie et « les mélanger avec leur cerveau ».

Autrefois, c'était une maxime selon laquelle aucun gentleman ne pouvait être refusé par une dame, parce qu'il ne présumerait jamais au-delà de ses encouragements ; il faut donc présumer que, sur cette règle, aucune femme n'avance plus loin que ce qu'elle est prête à ratifier. Mais un tel état de société serait très stupide et formel, et nous manquerions une saveur très piquante de la vie, à laquelle même de très bonnes et de grandes personnes n'ont pas pu résister.

Selon cette règle, nous devons condamner la reine Elizabeth pour flirt arrogant et « non-dame » ; nous serions obligés de secouer la tête devant le beau Thrale et le grand docteur Johnson, devant le vilain Horace Walpole et Mme Hannah More, et même de regarder avec suspicion George Whitefield et « la bonne dame Huntingdon ».

Non, dans la société raffinée, flirter sous une forme modérée est un amusement et une recherche si éminemment adaptée à la condition actuelle des sexes qu'une bien meilleure pourrait être mieux épargnée. Dans un cas seulement, cela n'admet aucune circonstance atténuante : celui du flirt marié des deux sexes.

Un flirt n'est peut-être pas en effet un personnage tout à fait charmant, même avec tous ses défauts séduisants ; mais elle est bien plus gentille qu'une prude. Tous les hommes préfèrent une femme qui leur fait confiance, ou les défie gaiement dans un combat dans lequel elle propose leur capture, à celle qui affecte l'horreur des goûts et des mœurs masculins, et s'attend toujours à ce qu'ils fassent quelque chose d'inconvenant ou dise quelque chose d'horrible. chose. Croyez-le, si tous les flirts étaient transformés en prudes, la société serait allée plus loin et s'en serait tirée encore moins bien.

Sur Tomber amoureux

« Il y a quelque chose qui me pousse à aimer ; et moi

Je sais que j'aime, mais je ne sais ni comment ni pourquoi.

IL n'y a pas de « pourquoi » en amour ; et nous ne nous y attendons guère. Le monde ouvrier doit bien nous rendre compte de ses actes, mais les amoureux ne valent pas grand-chose pour rendre compte ; car la moitié du charme de faire l'amour réside dans le défi de tout ce qui est raisonnable, dans l'affirmation de l'incroyable et dans la croyance à l'impossible. Et nous pouvons sûrement nous offrir ce petit peu de glamour à une époque qui juge tout par l'inconditionnel et le positif ; nous pouvons faire de petites escapades au pays de l'amour, lorsque tous les anciens pays merveilleux, de l'équateur au pôle, seront cartographiés et parsemés de dépôts ferroviaires et de ports d'entrée.

Tomber amoureux est une affaire éminemment peu pratique, et pourtant la Nature, qui n'est pas une gaffe, introduit généralement le garçon et la fille dans la vie adulte active par cette même porte. Au fond de cette délicieuse bêtise, le cœur d'enfant grandit jusqu'à atteindre la virilité ; les chauves-souris, les bateaux et les « compagnons » sont déposés à jamais, et une charmante femme règne à leur place. Pour les garçons, le premier amour est peut-être plus un événement que pour les filles, car ces dernières se sont familiarisées avec la routine de l'amour bien avant de devenir sérieusement amoureuses. Ils le chantent en relation avec les fleurs, les anges et la lune ; ils lisent Moore et Tennyson ; elles ont peut-être été les confidentes des sœurs aînées. Ils attendent leur amant et sont même enclins à être critiques ; mais le premier amour d'un garçon est généralement une surprise : il est pris au dépourvu et se rend à discrétion.

C'est peut-être un bon stimulant pour la foi en général que de croire dès le début en une chose aussi déraisonnable et aussi merveilleuse que le premier amour. Tertullien soutenait certaines parties de sa foi simplement « parce qu'elles étaient impossibles ». Ce n'est pas une mauvaise chose pour un homme de commencer sa vie avec une grande passion, de s'imaginer que personne n'a jamais aimé avant lui, et que personne après lui n'aimera jamais autant que lui.

Cette passion absolue, cependant, est loin d'être aussi courante qu'elle pourrait l'être ; et Rochefoucauld n'avait pas beaucoup tort lorsqu'il le comparait aux fantômes dont tout le monde parle, mais que très peu voient. Cela résulte généralement de conditions extrêmes, de circonstances ou de sentiments ; sa nourriture est la contradiction et le désespoir. Il est douteux que Roméo et Juliette se seraient beaucoup souciés l'un de l'autre si les

Montaigu et les Capulet avaient été amis et alliés, et si le mariage de leurs enfants avait été un arrangement d'État nécessaire ; et Byron est étayé par toutes les preuves raisonnables lorsqu'il demande de manière douteuse :

« Si Laura, pensez-vous, avait été la femme de Pétrarque,

Aurait-il écrit des sonnets toute sa vie ?

Cette passion excessive ne prospère pas non plus dans un état de civilisation élevé. « Le roi Cophetua et la mendiante » est la ballade d'une époque où l'amour « régnait réellement sur la cour, le camp, le bosquet ». Le XIXe siècle n'est pas une telle époque. Dans le meilleur des cas , le roi Cophetua ferait désormais à peu près ce que le juge a fait à l'égard de Maud Muller. Pourtant , personne n'osait dire que, même dans un tel cas, il ne valait pas mieux avoir aimé et renoncé que de ne jamais avoir aimé du tout.

"Mieux vaut pour autant qu'un doux espoir réside

Profondément enfoui aux yeux des humains.

Comment l'amour peut-il être pour nous l'essence et la fin de la vie, quand les métiers à vapeur et les litiges, les actions des chemins de fer et les grandes aubaines, le coton et le maïs, la littérature et l'art, la politique et les marchandises sèches, et mille autres intérêts se partagent nos affections et nos attentions ? Il est impossible que notre vie soit la simple machinerie d'un complot amoureux ; c'est plutôt un drame dans lequel l'amour n'est qu'un des *dramatis personæ* .

Ce fait est bien compris, même s'il n'est pas reconnu verbalement ; les soupirs et les fièvres, l'accumulation de fleurs et de gants, les cœurs brisés et les vies brisées, tout cela pour l'amour d'un doux visage, existent encore dans la littérature, mais pas beaucoup dans la vie. Les amoureux d'aujourd'hui sont plus enclins à réfléchir aux moyens de rendre le ménage aussi simple que le mariage qu'à écrire des sonnets sur les sourcils de leurs maîtresses. La dévotion même des temps anciens serait désormais ennuyeuse, ses longues protestations ennuyeuses, et nous, les amoureux du XIXe siècle, serions très enclins à bâiller devant un Cupidon du XVIe siècle. Laissez l'amant moderne essayer l'un des longs discours d' Amadis à sa dame, et elle répondrait probablement : « Ne soyez pas ennuyeux, Jack ; allons chez Thomas, écoutons de la musique et mangeons une glace.

L'amour est-il donc en déclin ? En aucun cas, il s'est simplement adapté à l'esprit du temps ; et cet esprit exige que la vie des hommes soit plus affectée par l'Hymen que par Cupidon. Les amants intéressent désormais la société uniquement en tant que maris et femmes possibles, pères et mères de la république. Lord Lytton souligne ce fait comme illustré avec force dans nos drames nationaux. Chacun ressent les scènes d'amour d'une pièce de théâtre, les dialogues sentimentaux des amants, fatigants ; mais une querelle matrimoniale excite tout l'auditoire, et il verse ses larmes les plus agréables sur leur réconciliation. Car peu de personnes dans un auditoire ont jamais fait, ou feront jamais, l'amour comme le font les poètes ; mais la plupart ont eu ou auront des querelles et des réconciliations avec leurs femmes.

« Des hommes sont morts de temps en temps et les vers les ont mangés, mais pas par amour ; » et si cela était vrai à l'époque de Shakespeare, cela l'est doublement à la nôtre. S'il y a jamais eu un mérite à mourir par amour, nous ne le voyons pas ; il arrive parfois qu'un homme admette sauvagement qu'il se ridiculise pour telle ou telle femme, mais même si nous pouvons le plaindre, nous ne le respectons pas pour une telle conduite. Les femmes, plus rarement encore que les hommes, « se ridiculisent » à ce sujet ; et malgré tous les poètes qui affirment le contraire, ils sont éminemment raisonnables, et leurs affections méritent d'être transplantées.

À d'autres égards , nous ignorons totalement l'inflation des anciens termes d'amour. « Notre destin », « notre destinée », etc., se résolvent en événements les plus simples et les plus naturels ; une conversation par un après-midi pluvieux, une promenade à la maison au clair de lune, une simple contiguïté pendant une saison, sont les agents qui décident souvent de nos amours. Et pourtant, au-dessous de tout cela se cache ce quelque chose d'inexplicable qui semble placer cette partie de notre vie au-delà de nos pensées les plus sages. Nous ne pouvons pas tomber amoureux sur commande, et tous nos raisonnements sur le sujet se résument à la conviction que, dans certaines conditions inexplicables, « il est possible à n'importe qui de tomber amoureux de n'importe qui d'autre ».

Cela fait peut-être partie de ce qu'Artemus Ward appelle « l'insouciance » des choses en général ; mais en tout cas il faut admettre que si « le semblable attire le semblable », il attire aussi le différent. L'érudit épouse la beauté insensée ; la belle épouse un homme laid et l'admire. La pauvreté s'intensifie en épousant la pauvreté ; l'abondance devient pléthorique en épousant la richesse. Mais dans quelle mesure l'amour est-il responsable de ces étranges attirances, qui peut le dire ? Il est probable qu'une grande partie de ce qui passe pour de l'amour ne reflète que l'amour de soi, la passion d'acquérir ce qui est généralement admiré ou désiré. Ainsi, les belles femmes sont souvent mariées comme étant le moyen le plus convenable de satisfaire la vanité masculine. Une anecdote agréable, comme disent les Écossais, *à propos de* cette opinion, est racontée à propos du duc de Guise, qui, après une longue cour, persuada une beauté célèbre de lui accorder sa main. La dame , le voyant très agité, lui demanda ce qui lui faisait mal. Madame, répondit l'amant, j'aurais dû partir depuis longtemps pour communiquer ma bonne fortune à tous mes amis.

Mais les motifs et les influences qui constituent une émotion aussi complexe que l'amour dépassent même toute indication, bien que le sujet ait été tentant pour la plupart des écrivains philosophiques. Même Comte descend du positif et de l'inconditionnel pour diviniser le principe féminin au charme erratique ; Michelet, après quarante volumes d'histoire, se repose et se restaure en écrivant un livre sur l'amour ; le pâle et religieux Pascal, terrifié par l'immensité de ses propres questions, se console par une analyse de la même passion ; et Herbert Spencer s'est lancé *avec amore* dans le même sujet. Mais l'amour se moque de la philosophie et se plaît à ridiculiser les sages pour elle.

Il est facile de construire une théorie, mais le premier contact d'une main blanche peut la démolir ; Il est facile de prendre des résolutions, mais le premier regard d'une paire d'yeux brillants peut les faire partir. Il est facile aux hommes d'être philosophes, quand ils ne sont pas amants ; mais une fois qu'ils tombent amoureux, il n'y a plus de distinction entre l'insensé et le sage. Cependant, nous pouvons être reconnaissants que l'amour n'exige plus des signes d'esclavage aussi extérieurs et visibles qu'avant. De nos jours, les amoureux appellent leurs maîtresses des femmes et non des déesses. En effet , nous devrions dire maintenant des hommes qui servent les femmes à genoux : « *Quand ils se lèvent, ils s'en vont* . »

Fiancé pour se marier

« Courtisé et marié et tout.

Courtisé et marié et un ' :

Et elle est très bien aff

C'est courtisé et marié et un' ?

C'EST une belle imagination que les mariages soient ordonnés au ciel ; c'est un fait pratique qu'ils sont fabriqués sur terre ; et que ce que nous appelons « notre destinée » ou « notre sort » est généralement le résultat d'opportunités favorables, de circonstances sympathiques, ou même d'une agréable contiguïté pendant une saison. C'est pourquoi nous nous attendons toujours à entendre parler d'un certain nombre de « fiançailles » après les vacances d'été. Les nouvelles sont toujours intéressantes ; nous avons peut-être vu les fêtes mille fois, mais leur première apparition sous leur nouveau personnage excite toute notre curiosité.

Généralement, la femme s'agrandit et s'embellit, s'élève avec l'occasion et revêt une nouvelle beauté avec la confiance d'une garde-robe croissante et d'une position assurée. Il n'y a rien de ridicule dans son attitude ; son trousseau de mariage et ses cadeaux de mariage la maintiennent dans un délicieux état de satisfaction triomphale, et si elle s'est « bien faite », elle se sent en droit de mériter la gratitude de sa famille et l'envie de toutes ses connaissances féminines.

L'affaire n'est pas si agréable socialement pour son complice ; c'est toujours une chose gênante pour un homme d'annoncer ses fiançailles. Ses amis mariés lui posent des questions prosaïques et « lui souhaitent de la joie », compliment qui en soi implique un doute ; ou bien ils lui disent qu'il va faire une chose sage, et le traitent dans l'intervalle comme s'il était naturellement dans un état de semi-folie. Ses amis célibataires reçoivent la nouvelle soit avec un éclat de rire, soit avec un long sifflement expressif, soit, au mieux, avec l'assurance qu'ils « considèrent le mariage comme une bonne chose, bien qu'ils ne soient pas capables de mettre en pratique leurs principes ». Mais il se rend vite compte qu'ils le considèrent quasiment comme un déserteur ; ils font des fêtes sans l'inclure ; il abandonne leurs consultations ; il a perdu sa caste parmi l'ordre des jeunes gens, et n'a pas été admis parmi les maris de la communauté ; il est suspendu entre deux états ; ce n'est pas de *cela*, ni encore tout à fait de *cela*.

Il va de soi que les opinions sont diverses quant à la nécessité de prolonger ou d'abréger le plus possible cette étape préliminaire. Ceux qui considèrent le mariage comme une sorte de commerce, dont le centre d'échange est Saint-

Thomas ou Saint-Barthélemy, préféreront bien sûr conclure l'arrangement envisagé le plus tôt possible. Leur affaire est intelligible ; il n'y a « aucune absurdité à leur sujet » ; et, dans l'ensemble, plus tôt ils commanderont un dîner et paieront leurs impôts, mieux ce sera. Beaucoup d'entre nous ont attendu dans la salle d'un dentiste avec un mal de dents semblable à celui qui a provoqué Burns.

« Jetez les petits tabourets sur le meikle ; »

et certains d'entre nous ont attendu la décision d'un éditeur avec des sentiments qui auraient volontiers anéanti l'intervalle.

Mais il n'y a pas que les prosaïques et les impatients qui répugnent à un long engagement : les méthodiques, dont les arrangements bouleversent ; les occupés, dont ils s'approprient le temps ; les égoïstes, qui sont obligés pendant ce temps de faire de petits sacrifices continus ; les timides, qui ont l'impression que tous les autres rapports de la vie se sont retirés au second plan pour les exhiber comme des « hommes engagés » ; les avares, qui considèrent les offrandes d'amour attendues comme autant d'argent de tribut, ceux-là et bien d'autres variétés d'amants simplifieraient volontiers le mariage en réduisant ses préliminaires à une question et à une cérémonie. Pourtant, si l'amour doit avoir dans la vie la place qu'il occupe dans la poésie ; si l'on croit vraiment que le mariage doit être fondé sur la sympathie des goûts et des principes ; si nous avons quelque foi en ce puissant maître des cœurs et des vies, une véritable histoire d'amour, nous ne voudrons pas obscurcir la gloire du mariage en lui refusant ce séjour dans une véritable terre enchantée ; car dans son atmosphère s'épanouissent de nombreux beaux sentiments qui ne naîtraient jamais si les subtilités de la cour étaient remplacées par la rapidité nivelante du mariage. Si les gens sont *vraiment* amoureux , ils gagnent plus que ce qu'ils perdent dans un délai raisonnable. Il y a du temps pour lire et écrire des lettres d'amour, une des expériences les plus douces de la vie ; la langue et la plume se familiarisent avec les sentiments affectueux et nobles ; en fait, je doute qu'il existe une meilleure école pour la vie conjugale qu'un cours complet de lettres d'amour. Mais si le mariage suit immédiatement les fiançailles, toutes les lettres d'amour et toutes les relations amoureuses doivent nécessairement avoir une saveur de mobilier, de tenue vestimentaire et de « considérations ». J'admets que faire l'amour est une affaire déraisonnable et peu pratique ; mais c'est là tout son charme. Il se plaît à affirmer l'incroyable et à croire l'impossible. Mais après tout, c'est au fond de cette délicieuse folie que le cœur atteint sa plus noble croissance. La vie peut réserver de nombreux espoirs plus grands et des joies plus calmes ,—

"Mais il n'y a rien d'aussi doux dans la vie

Comme le jeune rêve de l'Amour.

donc regarder avec complaisance, sinon avec approbation, les jeunes qui traversent sereinement cette phase de leur existence ; mais le fait est que nous avons tendance à considérer cela comme une petite épreuve. Les amoureux sont si heureux et satisfaits d'eux-mêmes qu'ils ne comprennent pas pourquoi tout le monde n'est pas dans la même condition suprême. Même si la maison est si petite, ils s'attendent à avoir une pièce dégagée pour eux seuls.

Pourtant, un tel engagement, d'une durée raisonnable, est à conseiller partout où les jeunes sont de nature tendre et constante, et vraiment amoureux les uns des autres. Je leur demanderais seulement d'être le moins démonstratif possible en public et de porter leur bonheur avec douceur, car, de toute façon, ils exigeront beaucoup de l'amour, de la patience et de la tolérance de leurs amis. Mais l'un des plus grands avantages d'un engagement prolongé est peut-être la sécurité qu'il apporte contre une *mésalliance* . Or, pour un homme, une *mésalliance* est le poids le plus lourd qu'il puisse porter tout au long de sa vie ; mais pour une femme, c'est simplement une destruction.

Les meilleures femmes ont un désir instinctif d'épouser un homme supérieur à elles d'une manière ou d'une autre ; car leur honneur appartient à leur mari, et leur statut dans la société est déterminé par le sien. Une femme qui, pour une fantaisie passagère, épouse un homme d'une manière qui lui est inférieure fait du tort à elle-même, à sa famille et à toute sa vie ; car la « grossièreté de sa nature » la traînera très probablement à son niveau. De temps en temps, une femme dotée d'une grande force de caractère peut élever son mari vers le haut, mais elle accepte un tel travail au péril de sa propre vie supérieure. S'il lui était également impossible de l'élever à son niveau ou de l'abaisser au sien, que reste-t-il ? Des regrets à vie, une honte amère et des reproches, ou une libération forcée d'elle-même. Mais ce dernier, comme tous les remèdes sévères, entraîne avec lui le désespoir au lieu de l'espoir. Jamais elle ne pourra tout à fait retrouver sa place de jeune fille ; une *aura* d'un genre douteux l'entrave et l'influence dans chaque effort ou relation de sa vie future.

Dans le premier mirage d'une histoire d'amour, les femmes ne voient pas ces choses, mais les pères et les mères les voient ; ils savent que « le monde n'est *pas* vraiment perdu pour l'amour » et ils ont le droit de protester contre une telle folie. Dans une histoire d'amour imprudente, chaque jour est tellement gagné ; c'est pourquoi, lorsque cette folie est liée au cœur d'un jeune ou d'une jeune fille, le meilleur de tous les plans est de prévoir du temps, des fiançailles aussi longues que possible.

Mais je suppose que tous mes lecteurs célibataires ont trouvé des conjoints convenables qui résisteront à l'épreuve de la sagesse parentale et à des fiançailles assez longues et exigeantes, et qu'après quelques mois heureux, ils seront non seulement « courtisés », mais « mariés et mariés ». un'." Maintenant commence leur vraie vie, et pour la femme, le premier pas est *le renoncement* . Elle doit abandonner de bonne grâce l'exagération et le romantisme de l'amour, et accepter à sa place cette bien meilleure tendresse qui est le repos de la passion et qui jaillit des profondeurs tranquilles de la meilleure nature d'un homme.

Les femmes les plus chaleureuses et les plus altruistes apprennent bientôt à accepter la confiance tranquille et la loyauté d'une vie aimante comme la condition la plus calme et la plus heureuse du mariage ; et les hommes qui sont assez sensés pour compter sur le bon sens de telles épouses naviguent autour des adorateurs jaillissants, à la fois pour une véritable affection et une tranquillité confortable .

Qu'une jeune femme se souvienne simplement que son mari est nécessairement soumis à un certain degré de servitude toute la journée ; que ses intérêts l'obligent à paraître agréable en toutes circonstances pour ne pas offenser, à ne rien dire à la va-vite, et elle verra que lorsqu'il arrivera au coin de son feu , il désirera avant tout se débarrasser de cette tension pour être à l'aise ; mais il ne peut l'être s'il craint continuellement de blesser la sensibilité de sa femme en oubliant quelque signe extérieur et visible de son affection pour elle. D'ailleurs, elle ne lui fait qu'un piètre compliment en refusant de croire ce qu'il n'affirme pas continuellement ; et en s'inquiétant de ce qu'il est déraisonnable de désirer, elle se fait un tort profond, car...

« Une femme émue est comme une fontaine troublée,

Boueux, d'apparence désagréable, épais, dépourvu de beauté.

Nos filles auront-elles une dot ?

CEUX qui s'occupent de lire cette écriture sur le mur que nous appelons « signes des temps » peuvent méditer un moment sur la question que M. Messinger pose avec un appel si plaintif aux parents de cette génération : "Nos filles auront-elles une dot ?" Mais dès le début de son argumentation , il abandonne le cas qu'il a volontairement défendu et plaide non pas en faveur des filles, mais en faveur des jeunes hommes qui souhaiteraient épouser les filles. De plus, en insistant auprès des parents sur le devoir de doter leurs filles, il semble avoir perdu de vue le fait que la « dot », dans son esprit et son intention mêmes, ne vise pas à prendre soin du mari, mais est uniquement dans l'intérêt de la femme. .

Il affirme, avec justesse sans doute, que le revenu moyen des jeunes hommes est de 1 100 dollars 57 par an, et il trouve dans ce fait une raison suffisante pour la diminution du mariage parmi eux. Ce n'est aucune raison ; car une proportion importante et raisonnable de jeunes hommes se marient et vivent heureux et respectablement avec 1 100 dollars par an, et ceux qui ne peuvent pas le faire sont très clairement décrits par M. Messinger et très peu respectés par aucune jeune femme sensée.

Mais il ne faut pas croire qu'ils forment une partie prépondérante ou influente de cette armée de jeunes gens qui sont l'avenir de notre grande république. Que n'importe quel lecteur compte, parmi les jeunes hommes qu'il connaît, le nombre de ceux qui partageraient leurs 1 100 $ comme M. Messinger le suppose :

Habillez-vous pour vous et votre femme	600 $
Appartements	400
Divertissements	100

J'ose dire que la proportion serait en effet très faible.

Car la majorité des jeunes hommes savent que rien de ce qui vaut la peine n'est perdu dans le partage. Ils rencontrent dans leur propre entourage une jeune fille modeste et ménagère qu'ils aiment si sincèrement qu'ils peuvent lui dire exactement quel est leur revenu, et ils découvrent alors que leurs propres idées en matière d'économie étaient grossières et extravagantes comparées aux méthodes merveilleuses et des moyens qui se révèlent à la compréhension du sujet par une femme aimante. Les Oranges, Rutherford et toutes les banlieues de New York regorgent de jolies petites maisons entretenues sans souci et avec un bonheur infini, avec 1 100 $ par an, et peut-être même avec moins d'argent.

La difficulté rencontrée par la classe de jeunes hommes dont la cause plaide M. Messinger ne mérite aucune sympathie. C'est une difficulté évoquée par la vanité et l'orgueil, dont Fashion et Mme Grundy sont les épouvantails. Pourquoi un jeune homme capable de gagner seulement 1 100 dollars par an devrait-il espérer épouser une fille dont les parents sont assez riches pour la protéger « de tout vent du ciel, de peur qu'il ne lui frappe le visage trop durement » ? « Est-il équitable pour le futur mari, demande M. Messinger , qu'une fille soit habituée à vivre sans travail et soit ensuite remise overà son mari avec rien d'autre que ses vêtements et son bric -à- brac ? Oui, c'est un traitement tout à fait équitable. Si le mari, avec ses 1 100 dollars par an, choisit d'épouser une fille qui n'est pas habituée au travail, il le fait de son propre choix : le père de la fille n'est probablement pas du tout désireux de son alliance ; alors pourquoi le père devrait-il se priver des résultats de son propre travail et de son économie pour défaire la folie et la vanité de la sélection du jeune homme ? Quant à la jeune fille, si elle a délibérément préféré son amant à son père, à sa mère, à son foyer et à tous les avantages de la richesse, elle a le désir de son cœur. Il peut être tout à fait juste qu'elle ait ce désir, mais il peut être très injuste que son père, sa mère et peut-être ses frères et sœurs soient volés pour rendre son désir moins sacrificiel. Car si le jeune homme, avec sa pauvreté, est acceptable à la fois par la fille et par ses parents, on peut faire confiance à ces derniers pour faire tout ce qui est juste dans les circonstances.

La partie la plus répréhensible de l'argumentation de M. Messinger est l'aspect servile et mercenaire dans lequel il place le mariage. « Quelle égalité peut exister, demande-t-il, là où un seul (l'homme) fournit tous les moyens de subsistance et accomplit tout le travail ? Qu'un mari fournisse les moyens de subsistance est la Magna Charta même du mariage honorable ; et neuf cent quatre-vingt-dix-neuf hommes sur mille l'acceptent. C'est le point précis sur lequel tous les vrais maris se sentent le plus vivement sensibles. Ils ne veulent qu'aucun autre homme – quelle que soit sa relation ou son amitié – pour soutenir leur femme. Et en aucun cas le mari n'effectue tout le travail résultant du mariage. Pour qu'il soit un vrai homme, un père et un citoyen, il faut qu'il ait un foyer ; et dans le soin du foyer, dans l'éducation et l'éducation de la famille, dans les exigences constantes de son amour et de sa sympathie, la femme accomplit une multitude incessante de devoirs qui mettent son cœur et son corps à rude épreuve. dans toutes les directions, un travail d'amour en comparaison duquel la routine quotidienne de son mari concernant ses « entrées » ou ses « ordres » n'est qu'une insignifiante perte de vitalité. Car une épouse et une mère doivent garder toutes les facultés et tous les sentiments « au garde-à-vous » ; mais un commis à son grand livre garde sur place une douzaine de facultés pour faire le travail d'une seule. Et au nom de toutes les épouses véritables et dignes de confiance, je nie totalement l'idée qu'elles s'adressent à leurs maris avec un « rétrécissement douloureux » pour obtenir l'argent nécessaire pour entretenir le foyer commun, ou qu'il y ait dans le cœur de toute épouse bien-aimée la pensée la plus fugace. de « dépendance ». M. Messinger fait un tort grave et honteux à la majorité des maris et des femmes par une telle affirmation.

En fait, l'expérience de ce monsieur semble avoir été particulièrement triste, neuf de ses amis sur dix étant morts au début de la cinquantaine à cause d'une dépense excessive de nerfs et de force vitale dans leurs efforts pour subvenir aux besoins de leur famille dans ce qu'ils considéraient sans aucun doute comme un manière appropriée ; et il pense évidemment que si leurs femmes avaient été dotées, ce résultat aurait probablement été évité. C'est extrêmement improbable. Le faible revenu de la femme aurait probablement conduit à un mode de vie encore plus extravagant ; car le génie de l'Américain est de vivre pour aujourd'hui et de prendre soin du lendemain quand le lendemain viendra.

À bien des égards, c'est le génie de notre époque . Les anciennes formes de pensée et d'action sont dans un état de transition. Personne ne peut prédire ce que demain nous réserve. Les conditions sociales qui incitaient les pères du passé à épargner pour leur postérité sont en train de disparaître ; et je parle en connaissance de cause lorsque j'affirme qu'il s'agissait souvent de conditions de misère et de torts domestiques, et que les enfants en pleine croissance en souffraient beaucoup. Supposons qu'un père ait deux filles et trois fils ; doit-il restreindre les filles dans l'éducation et les plaisirs de leur jeunesse, doit-il limiter les trois garçons à la maison et au collège, afin de donner une somme d'argent à quelque jeune homme inconnu qui jurera sans doute que le cœur et la personne de sa fille sont plus que tout le monde pour lui ? Si elle ne lui représente pas plus que tout le monde, il n'a pas le droit de l'épouser ; et si elle l'est, que peut-on ajouter à un don si précieux ?

La tendance du moment est de déshonorer le mariage de toutes les manières possibles ; mais le tort le plus profond, l'élément le plus dégradant qui puisse être introduit, c'est de le faire dépendre de la dot ou de toute autre contrepartie financière. Nous devons également nous rappeler qu'en Angleterre, où la dot était une coutume, elle n'affectait pas particulièrement les classes dont les filles étaient susceptibles d'épouser des employés avec de petits salaires. Il s'agissait des dispositions prises par la noblesse terrienne pour leurs filles, et elles exigeaient en échange un règlement tout aussi convenable du futur mari. Si le père donnait une somme d'argent à la mariée, le marié donnait généralement la maison du douaire, avec les meubles, l'argenterie, le linge, etc., qui en feraient une maison convenable pour son veuvage. De nombreux mariages ont été rompus parce que l'époux ne voulait pas conclure les arrangements que le père considérait comme l'exigeait la dot.

M. Messinger reconnaît que le coût de la vie n'a jamais été aussi bas qu'aujourd'hui et que la difficulté qui se pose pour les jeunes hommes en matière de mariage est « purement une question d'imitation et de compétition insensée ». Mais cette compétition insensée n'est pas nécessaire ; et pourquoi apporter un remède inhabituel et spécial à ce qui est purement facultatif ? Personne n'oblige le jeune mari à vivre comme si son revenu était de 11 000 $ au lieu de 1 100 $. De son plein gré, il sacrifie sa vie à sa vanité, et il n'y a aucune justice à tenter de le soulager en dotant sa femme, peut-être tout aussi coupable, des résultats de l'industrie et de l'économie d'un autre homme.

La dot est une disposition désuète pour les filles, derrière le génie de l'époque, incompatible avec la dignité des hommes américains et l'intelligence et la liberté des femmes américaines. En outre, il y a très probablement deux, trois, quatre filles ou plus dans une maison ; Comment un homme aux moyens modestes pourrait-il épargner pour tous ? Et que deviendraient les fils ? Le père qui donne à ses enfants une mère aimante et sensée, qui leur fournit un foyer confortable, qui éduque pleinement toutes leurs facultés spéciales et leur enseigne la ruse de leurs dix doigts, dote ses filles bien mieux que s'il leur donnait de l'argent. . Il a financé pour eux une provision que ni un mauvais mari ni un mauvais sort ne peuvent dilapider. Il a fait tout son devoir, et toute bonne fille l'acceptera avec reconnaissance.

Quant aux jeunes hommes qui pourraient s'imaginer dépenser, sur 1 100 $, 700 $ 65 en habillement et en divertissements, ni le monde, ni aucune femme sensée du monde, ne s'en portera plus mal de leur célibat. Car s'ils prennent une femme, ce sera sans aucun doute une vierge élégante et stupide, dont les mains douces ne sont d'aucune utilité terrestre sauf comme porte-bagues et tendeurs de gants. Ce sont de tels mariages qui sont des échecs. C'est dans des foyers aussi prétentieux que l'amour et la modération ne peuvent pas vivre heureux ensemble. C'est entre des mains si faibles que la boîte de Pandore se ferme, non pas sur l'espoir, mais sur le désespoir.

Ce jeune courageux et sensé n'a pas peur d'affronter la vie et toutes ses obligations avec 1 100 dollars par an. Avec l'amour, cela suffit pour commencer. L'espoir, l'ambition, l'industrie, la bonne fortune sont ses garanties pour l'avenir. Si instruit qu'il soit, il sait que dans sa classe il trouvera de jolies femmes également instruites. Ils sont peut-être enseignants, commis, couseurs, mais ce sont ses pairs. Il n'a aucune idée d'épouser une jeune femme habituée aux domestiques et au luxe, et la question du douaire ne lui vient jamais à l'esprit. La bonne fille qui complète son industrie par son économie, qui l'encourage de sa sympathie , qui partage toutes ses pensées et ses sentiments, et couronne sa vie d'amour et de consolation, a toute la dot qu'elle veut. Et c'est une opinion fondée sur une longue vie d' observation, une opinion selon laquelle le feu ne peut pas m'éteindre.

L'anneau au doigt

LES BAGUES étaient probablement les premiers ornements jamais portés, même si dans les premiers âges, elles avaient une signification bien au-delà de la simple parure. Les histoires de Juda et de Tamar, de Pharaon et de Joseph, d'Assuérus et d'Haman, montrent qu'en tant que gages de bonne foi, marques de faveur et gages d'autorité, ils étaient les symboles reconnus. La mode était orientale, car les Juifs la connaissaient avant leur séjour en Egypte ; en fait, il se peut que ce soit l'une de ces coutumes primitives que Sem, Cham et Japhet ont sauvées du naufrage d'un monde antérieur. Il est certain que le peuple syrien et les seigneurs de Palestine et de Tyr utilisaient des anneaux dès les premiers temps ; et il est remarquable qu'ils portaient le même emblème que portent les anciens anneaux mexicains, la constellation des Poissons. En tant qu'ornement , cependant, l'anneau est le moins important ; c'est un emblème. Le cercle enchanté a de la puissance et du romantisme.

À toutes les époques, une grande confiance a été placée dans les anneaux charmés. Les Grecs et les Romains en possédaient, et les nations scandinaves avaient une foi superstitieuse en ces amulettes ; en effet, comme le disent les chroniques, il est difficile d'évaluer dans quelle mesure William devait sa victoire sur Harold à l'influence de l'anneau qu'il portait, qui avait été béni et sanctifié. En tant qu'agents curatifs, les anneaux ont également joué un rôle curieux. Jusqu'à l'époque géorgienne, les bagues bénies par le roi ou la reine le Vendredi Saint étaient censées contrôler l'épilepsie et d'autres maladies, et une partie de ce pouvoir secret est encore reconnue par les superstitieux, qui portent autour du cou des bagues ou des pièces de monnaie bénies. Les anneaux ont également été des agents de la mort, ainsi que de la vie. De tout temps, ils ont été des réceptacles de poisons subtils, et c'est ainsi qu'Hannibal et Démosthène se sont armés contre l'extrémité d'une mauvaise fortune.

Dans la vie de la reine Elizabeth d'Angleterre, les bagues avaient une importance extraordinaire. Elle fut informée de son ascension au trône par la présentation de l'anneau de Marie. La rétention de l'anneau envoyé par Essex la fit mourir dans une passion de remords et d'affection réveillée ; et à peine la grande lutte était-elle terminée que sa bague fut arrachée à son doigt à peine froid et jetée par la fenêtre à Sir John Harrington, qui se précipita à travers la frontière avec elle pour rejoindre l'Écossais James.

Il existe de curieuses traditions concernant les pierres habituellement serties dans les bagues. On pensait que le rubis ou l'escarboucle protégeait contre la maladie. Le saphir était le favori des hommes d'Église et était censé inspirer des désirs purs. Épiphane dit que les premières tables de la Loi furent écrites sur des saphirs. L'émeraude confère de la gaieté et augmente la richesse. On disait que l'opale rendait l'homme invisible, la jacinthe procurait le sommeil et la turquoise apaisait les querelles entre homme et femme. Les choses ont cependant bien changé depuis que les sages païens et les alchimistes rosicruciens ont défini les qualités et les pouvoirs des pierres précieuses. Nous avons désormais des « anneaux » commerciaux qui se moquent de ceux d'émeraude comme moyen d'acquérir de la richesse. Si l'opale pouvait rendre un homme invisible, elle serait peut-être populaire le premier jour du mois, mais nous disposons de meilleurs narcotiques que la jacinthe, tandis que la complexité de nos toilettes pour femmes donne aux maris de multiples occasions de rétablir la paix, tout aussi efficaces que l'opale. turquoise.

Les Juifs l'utilisaient pour la première fois lors du mariage. Pour cela, ils exigeaient qu'il ait une certaine valeur et qu'il soit définitivement et entièrement acheté. S'il était acheté à crédit ou offert en cadeau, son pouvoir était détruit. L'Église chrétienne a très tôt adopté la coutume de l'alliance. Il était placé d'abord sur le pouce, au nom du « Père » ; puis retiré jusqu'au premier doigt, au nom du « Fils » ; au troisième avec le nom du « Saint-Esprit » ; et le « Amen » fixa sa place sur le quatrième.

Les bagues étaient aussi l'emblème du mariage spirituel et de la dignité dès le IIIe siècle. Dans l'église romaine, l'anneau épiscopal est en or serti d'une riche pierre précieuse. Le pape a deux anneaux, l'un à l' effigie de saint Pierre, utilisé pour les affaires ordinaires ; l'autre portant une croix, les têtes de Pierre et de Paul, ainsi que le nom et les armes du pape régnant. On ne s'en sert que pour les Bulles, et on le brise à la mort du Pontife ; et un nouveau donné par la ville de Rome à son successeur. Ces anneaux d'office spirituel étaient fréquemment portés au pouce, et lors de l'ouverture du tombeau de Bède en mai 1831, un grand anneau de pouce fut trouvé à l'endroit où la main droite était tombée en poussière.

La bague a été utilisée non seulement pour les mariages charnels et spirituels, mais aussi pour les mariages commerciaux. Pendant six cents ans, les Doges de Venise ont marié, avec un anneau d'or, l'Adriatique et son riche commerce à leur ville maritime. Emblème du pouvoir délégué ou transmis, l'anneau a également joué un rôle remarquable dans les affaires humaines. Pharaon et Assuérus dans les archives bibliques en sont des exemples. Alexandre transféra son royaume à Perdicas avec son anneau. Lorsque César reçut la tête de Pompée, il reçut également son anneau, et lorsque Richard II remit sa couronne à Henri de Lancastre , il le fit en lui donnant son anneau. L'anneau du couronnement de l'Angleterre est en or, dans lequel est serti un gros rubis violet, sculpté de la croix de Saint-Georges. La coutume de graver des emblèmes sacrés sur des bagues destinées à être portées en commun fut réprouvée avec colère par un sage aussi ancien que Pythagore ; et la délicatesse de ce païen à l'égard des choses sacrées est recommandée à l'attention de ces femmes de notre époque, qui jettent le saint symbole de notre foi autour des tables de toilette et le portent dans des endroits très non consacrés.

Cependant, j'en ai dit assez pour prouver que la bague à notre doigt est un lien entre nous et les siècles au-delà du déluge. Nous ne pouvons échapper à cette formidable solidarité du genre humain. Nous faisons partie de tout ce qui a été, et les générations qui nous suivront se tourneront vers nous et diront : « Ils étaient nos pères, et nous sommes leurs héritiers, et voilà, nous sommes tous un ! »

Flirter les épouses

SI une femme bonne et réfléchie, décédée il y a cinquante ans, pouvait revenir dans ce monde, qu'est-ce qui l'étonnerait le plus dans notre vie actuelle ? Serait-ce les merveilles de la vapeur, de l'électricité et de la science ? la tyrannie des classes ouvrières ou l'autocratie des domestiques ? Non! Ce serait le développement étonnant de son propre sexe, celui des femmes qui prêchent, qui donnent des conférences, qui font de la politique ; les femmes médecins et avocates ; qui perdent et gagnent de l'argent sur les chevaux, ou sur les actions et l'immobilier ; les femmes qui parlent argot et pensent que c'est un accomplissement ; qui imitent la tenue vestimentaire et les manières des hommes ; qui font leurs exercices sportifs en public ; et, peut-être plus étonnant que tout, les femmes qui font du mariage le manteau d'un flirt postnuptial très profitable.

Pour son propre sexe engagé dans les affaires, elle pourrait trouver des excuses ou même de l'admiration ; et même pour les filles peu féminines de l'époque, elle pourrait invoquer l'opinion de Mme Poyser , selon laquelle « les femmes sont faites pour convenir aux hommes ». Mais pour les jeunes épouses connues pour leur flirt et leurs « adeptes », elle ne pouvait avoir qu'un mépris et une condamnation sans réserve. Car le sentiment exigeant une fidélité absolue de la part d'une épouse peut être considéré comme ayant la force d'un instinct humain ; de tout temps, cela lui a exigé d'éviter l'apparence même du mal. C'est pourquoi une bonne femme, en présence d'une épouse frivole et flirteuse, a l'impression qu'une loi de la nature est brisée sous ses yeux ; puisque derrière l'épouse se trouve la mère possible, et que les droits de la famille, de la race et de la caste, ainsi que de l'honneur conjugal, sont tous sous sa garde.

Sans aucune exagération, on peut dire que l'épouse errante est aujourd'hui aussi courante que l'était autrefois l'épouse errante. Les jeunes hommes d'aujourd'hui ont découvert l'avantage personnel et la sécurité qu'il y a dans la société de la femme d'un autre homme. Ils transposent un vieux proverbe et disent pratiquement : « Les imbéciles se marient et les sages suivent leurs femmes. » Car, si le mari se montre complaisant, il est tellement sûr de flirter avec une jolie femme. Les jeunes filles sont dangereuses et pourraient les inciter à se marier ; mais ils n'ont pas peur de la bigamie. Ils peuvent murmurer des mots doux à un flirt gay et marié ; ils peuvent marcher, parler, danser et monter à cheval avec elle ; ils peuvent se prélasser dans son salon sombre ou dans sa loge d'opéra, et personne ne leur demandera pourquoi ni ne fera la moindre suggestion sur leurs « intentions ».

Il n'est pas évident à première vue dans quelle mesure cette coutume affecte la moralité de la femme ; mais il faut insister sur ce postulat reconnu

: « La société a établi des règles positives concernant la pudeur des femmes, et en dehors de ces règles, il est difficile de croire que la pudeur puisse exister. Car toutes les lois sociales conventionnelles sont fondées sur des principes de bonne morale et de bon sens ; et les violer sans raison suffisante détruit la finesse des sentiments, la douceur d'esprit et le respect de soi. Ce n'est pas une excuse pour dire que la bienséance est vieille fille, et que les hommes aiment les femmes intelligentes, ou que leurs flirts ne visent aucun mal. La question est : les femmes mariées peuvent-elles conserver leur délicatesse de pensée et leur noblesse de manières ? Peuvent-elles être véritablement fidèles à leur mari et à elles-mêmes tout au long des différentes phases d'un flirt reconnu ? C'est une chose impossible.

Supposons qu'une belle fille soit courtisée et conquise par un homme de toutes les manières adaptées à ses désirs. Elle a accepté son amour et son nom, et a juré de s'attacher à lui, et à lui seul, jusqu'à ce que la mort les sépare. La courtisation s'est principalement faite en grande tenue, lors de bals et d'opéras, ou pendant des heures de picotement dans l'attente de telles conditions. L'arôme des roses, le bruissement des soies et des dentelles, les notes de musique, le goût des bonbons et des vins mousseux, constituaient l'atmosphère ; et les jours et les semaines s'écoulaient avec la sensation de pieds volants dans une salle de bal, ou de flâneries enchantées dans les serres et derrière les palmiers et les fleurs dans les escaliers décorés.

La jeune épouse ne veut pas croire que le mariage comporte d'autres devoirs plus graves. On lui a appris à vivre uniquement dans le présent et elle est donc cynique et apathique à l'égard de tout sauf de l'habillement et des divertissements. Le mari doit retourner aux affaires , quelque peu négligées ; les arriérés de devoirs doivent être réglés. Il estime nécessaire de s'occuper de la question des approvisionnements ; il est probablement un peu gêné par les longues vacances de cour et de lune de miel, et il serait reconnaissant de se retirer et de prendre sa retraite, afin de s'occuper du foyer.

La jeune épouse n'a pas de telles intentions ; elle leur en veut et les contredit à chaque occasion ; et une fois passée la première pointe de déception, il trouve que c'est le plan le plus prudent et le plus confortable de rester indifférent à sa frivolité continue. Il est peut-être même flatté de la trouver tant admirée ; peut-être, dans son cœur, plutôt reconnaissant d'être soulagé de la peine de l'admirer. Quant aux pensées plus graves, il conclut que sa femme n'est pas pire que celles de A, B et C ; qu'elle est tout à fait capable de prendre soin d'elle-même, et que dans une multitude d'adorateurs il y a de la sécurité.

Ainsi, dans la majorité des cas, commence la carrière du flirt marié. Mais le caractère n'est pas un corollaire du mariage, si les conditions appropriées étaient réunies lorsque l'épouse était une jeune femme. Il n'y a pas de salut dans l'ordre du mariage ; aucun miracle n'est opéré sur l'autel de Grace Church ou à Saint-Thomas. Celle qui est frivole, étourdie et égoïste est susceptible de rester frivole, étourdie et égoïste ; et le mariage lui fournit simplement un champ plus large et de plus grandes opportunités pour satisfaire sa vanité et sa cupidité.

Elle rentre dans la société avec tous les avantages de la jeunesse, de la beauté, de la richesse et de la liberté ; libérées des handicaps sous lesquels reposent les filles célibataires; armé de nouveaux pouvoirs pour éblouir et conquérir. N'étant plus une concurrente pour un prix matrimonial, elle est une rivale dix fois plus dangereuse qu'elle ne l'était. Mis à part le tort causé au caractère sacré de la relation conjugale, elle devient désormais l'ennemie la plus subtile de l'avenir de toutes les filles célibataires de son groupe. Quel est le bouton de la rose parfaite ? La jeune fille timide et rougissante pâlit et s'apaise devant la sirène mariée qui a l'audace et le charme d'une intelligence consciente. Ce n'est pas sans raison que les bals et les fêtes spéciales sont devenus à la mode pour les amis mondains ; ils sont la suite nécessaire à la prédominance des sirènes mariées, auxquelles aucune jeune fille ne peut faire face dans une société mixte. Ils ont la parole et les partenaires ; ils monopolisent toute l'attention, et leur plaisir est de la plus haute importance. Et leur plaisir est de flirter, de flirter partout et à toute heure.

En vain une jeune aspirante au mariage montrera-t-elle en présence du flirt marié ses jolis exploits. Elle peut chanter ses chansons et jouer de sa mandoline jamais aussi gentiment, mais les jeunes hommes s'éclipsent avec l'une ou l'autre des mariées piquantes de l'année écoulée. Et dans l'intimité du fumoir, c'est des mariées, et non des jeunes filles, qu'on parle, des robes qu'elles portent ou qu'elles porteront, de la façon dont elles sont coiffées, de l'histoire des bijoux qui les ornent, et les choses intelligentes qu'ils ont dites ou sous-entendues.

Avant de trop condamner les filles du monde de l'époque, il convient de considérer le nouvel ennemi qui fait obstacle à leur avancement vers le mariage. N'est-il pas tout à fait naturel que les filles les plus courageuses refusent la place secondaire que leur assignent les flirts mariés et s'efforcent de rencontrer ces envahisseurs avec leurs propres armes ? Si tel est le cas, une grande partie de l'audace de la jeune fille actuelle est imputable à la nécessité que lui imposent ces concurrents mariés. Car c'est un fait que les jeunes hommes s'adressent à ces derniers pour obtenir des conseils et de la sympathie. Ils leur parlent des filles qu'ils aiment et leurs fantaisies sont étouffées dans l'œuf. Car le premier réflexe du flirt marié est de priver toutes les autres femmes de cet air de romantisme dont la noblesse et la chevalerie des hommes ont investi la féminité pendant des siècles. Elle désigne donc avec une exactitude impitoyable tous les petits arts dont usent les autres femmes ; et il n'est pas seulement un rival d'une jeune fille, mais un traître envers tout son sexe.

Et pourtant, elle est non seulement tolérée, mais indulgente. Les gens qui organisent des divertissements savent que leur succès dépendra dans une large mesure du nombre de belles jeunes épouses présentes. Ils savent que la situation est totalement mauvaise, mais ils sont sûrs qu'ils ne peuvent ni combattre le mal, ni y remédier ; et en attendant, leur bal particulier n'augmentera pas beaucoup le mal. Il y a à peine cinquante ans, c'étaient les jeunes beautés qui étaient considérées et soignées, et les messieurs invités à un divertissement étaient interrogés en référence aux filles célibataires ; car il était entendu que toutes les femmes mariées présentes seraient, bien entendu, enveloppées dans leurs propres maris. Alors une épouse acceptant les attentions d'un jeune homme après l'autre aurait suscité le mépris et la désapprobation de tous les hommes et femmes présents.

La vanité pousse en premier lieu les jeunes épouses au flirt, mais des motivations plus grossières suivent rapidement. Quelles que soient les autres expériences que le mariage apporte, il stimule généralement l'amour de la femme pour l'argent ; et la sirène mariée fait bientôt comprendre à ses « disciples » qu'elle est « une petite femme très pratique, qui n'aime ni un sonnet, ni une sérénade, ni un bouquet de fleurs fraîches ». Une croisière d'été sur un beau yacht, une place dans un carrosse, une loge d'opéra, un bijou, des dîners, des promenades et des déjeuners, sont le chantage auquel le flirt marié attend, en échange de ses soupirs, de ses sentiments et de ses conseils.

Il est en effet curieux de constater un changement de mode à cet égard. Laissez n'importe qui feuilletez les romans d'il y a un demi-siècle, et il verra que le plan favori pour compromettre l'honneur d'une femme était de l'inciter à accepter un prêt d'argent ou le don de bijoux. Si la malheureuse héroïne l'avait fait, aucun romancier n'aurait osé lui présenter ses excuses. Mais cette époque de luxe et de laxisme a fait exploser la délicatesse scrupuleuse des Evelina et Cecilia des vieux contes, et les uhlans féminins magnifiquement libres de notre société moderne rient pour mépriser la modestie primitive du standard richardsonien. Ils affirment, sinon en paroles, mais par leurs actes, le droit de la femme de mettre ses fascinations à son service.

Certaines femmes mariées prétendent que leurs flirts sont des amitiés absolument innocentes. Mais dans toutes les couches de la société , il est dangereux que deux personnes de sexe opposé chantent ensemble les litanies de l'Église de Platon. Les deux qui pourraient le faire en toute sécurité seraient ceux-là mêmes qui n'auraient jamais songé à une pareille imprudence. Ceux qui nouent des « amitiés » de ce genre, avec ce qu'ils pensent être les intentions les plus innocentes, devraient s'arrêter brusquement dès qu'on « parle d'eux ». Car dans les jugements sociaux, l'adage selon lequel « les gens dont on parle obtiennent généralement ce qu'ils méritent » est vrai, aussi injuste qu'il puisse paraître.

Une autre classe de flirts mariés dédaigne de présenter des excuses ou de prétendre une simple amitié. Ils s'appuient sur l'émancipation des femmes et sur le droit d'un sexe à autant de liberté que l'autre. Ce genre de sirène dit avec audace : « elle n'a pas l'intention d'être une esclave comme sa mère et sa grand-mère. Elle ne propose de s'attacher ni à une maison ni à un berceau. Elle voyage, elle vit sur des yachts et des hôtels et elle n'inclut pas de crèche dans ses projets. Elle parle d'affinités électives, d'émotions naturelles du cœur, et oppose les opportunités de telles conditions aux limites et à la monotonie des relations domestiques. Elle se rend sans valeur aux devoirs naturels les plus élevés de la femme, puis parle de son émancipation ! Oui, elle a sa liberté, et qu'est-ce que cela signifie ? Plus de robes et de bijoux, plus de visites et de voyages ; tandis que tout le monde des devoirs parentaux et des tendresses domestiques est en ruine à ses pieds.

La relégation du flirt marié à sa sphère et à ses devoirs est au-delà du pouvoir d'un seul individu. La société pourrait faire les protestations nécessaires, mais elle ne le fait pas ; car si la société est quelque chose, elle ne s'immisce pas. Il lui paraît bon que l'extérieur, l'apparence publique de ses membres soit respectable ; avec des défauts non découverts, il ne s'inquiète pas. Une accusation doit être définitivement formulée avant qu'il ne soit nécessaire d'en prendre connaissance. Et la Société sait bien que ces sirènes mariées attirent comme des aimants. D'ailleurs, chaque animateur déclare : « Je ne suis ni le gardien de ma sœur, ni son inquisiteur ou son confesseur. Si son mari tolère les caprices de la jolie femme, de quel droit moi, quel droit avons-nous, de dire un mot d'elle ?

Mais c'est un fait que, si la société désapprouvait les épouses qui s'arrogent les privilèges à la fois de jeunes filles et d'épouses, la coutume deviendrait obsolète et offensante. S'il voulait cesser de reconnaître les jeunes femmes mariées qui entretiennent avec leur mari les termes décrits par Millamant dans La Voie du monde, aussi étranges que si elles avaient été mariées depuis longtemps, et aussi bien élevées que si elles n'avaient jamais été mariées du tout », les jeunes femmes mariées se comporteraient mieux. On pense généralement que M. Congreve a écrit ses pièces à une époque très dissolue ; en réalité, ils semblent avoir été écrits pour une génération convenable, plutôt stricte, si on la compare à la nôtre.

Belle-mère

LES BELLES-MÈRES sont les mères pour lesquelles il n'existe ni loi, ni justice, ni sympathie, ni encore cette part de fair-play qu'un Américain moyen est prêt à accorder, même à un adversaire déclaré. Tout petit plaisantin, tout idiot, les considère comme une plaisanterie toute faite ; et ce qui est étonnant et dommageable, c'est que des abus si immérités et si longtemps continus n'aient suscité aucun champion de ce sexe qui doit tant à la femme, dans toutes les relations de la vie.

La condition de belle-mère est pleine de pathétique et d'abnégation, et tous les reproches qui lui sont attachés viennent de ceux dont l'égoïsme et l'égoïsme devraient faire peu de valeur à leur témoignage. Un jeune homme, par exemple, tombe amoureux d'une fille qui lui apparaît comme la somme de toutes les perfections, perfections en partie héritées et en partie cultivées par la mère auprès de laquelle il vit depuis vingt ans. Elle fait les délices du cœur de sa mère, elle remplit tous ses espoirs et ses rêves pour l'avenir ; et la jeune fille elle-même croit que rien ne peut la séparer d'une mère si chère et si dévouée.

Pendant que l'homme courtise la fille, cette merveilleuse capacité d'affection absorbante lui semble une très jolie chose. En premier lieu, cela maintient la mère à ses côtés ; dans le second, il envisage de doter cette capacité d'un objet strictement personnel. A ce stade, sa future belle-mère est une personne très agréable, car il est inconfortablement conscient du père et des frères du Bien-Aimé. Il est alors reconnaissant pour tout encouragement qu'elle pourra lui apporter. Il prend volontiers conseil avec elle ; flatte ses opinions, lui fait des cadeaux et travaille ainsi sur ses instincts féminins concernant les histoires d'amour qu'elle se tient à ses côtés quand il doit « parler à papa », et grâce à sa faveur et à son tact, les endroits difficiles sont aplanis et les endroits tortueux sont aplanis. endroits clairs. Jusqu'à ce que le mariage soit terminé et que la fille tant désirée devienne sa femme, il n'y a personne d'aussi important aux yeux de l'amant que la mère de la jeune fille.

Soudain, tout est changé. Lorsque les jeunes reviennent du voyage nuptial, il y a un ton différent et une atmosphère différente. Le jeune mari est maintenant dans sa propre maison et s'étale comme un paon en pleine plume. Il pense que « maman » interfère trop. Il n'apprécie pas la familiarité avec laquelle elle parle à *sa* femme. Il a l'impression que ses spéculations sur leurs futurs mouvements étaient une impertinence. Il dit sans rougir que sa visite était « ennuyeuse ». Et la mariée, flattée par son désir de n'avoir d'autre compagnie que la sienne, admet que « ma chère maman est pointilleuse et expansive ». Tous deux ont oublié le temps où le jeune mari ennuyait beaucoup sa belle-mère , alors qu'en effet il lui était très difficile de tolérer sa présence ; et tous deux ont oublié comment elle, pour assurer leur bonheur, a sacrifié ses propres souhaits et préjugés.

Combien de fois cette pauvre mère va-t-elle voir son enfant avant de se rendre compte qu'elle est ennuyeuse ? Combien de rebuffades et de chagrins doit-elle supporter avant de comprendre la situation ? Elle espère contre le désespoir. Elle pleure et essuie ses larmes ; elle essaie à nouveau, pour être à nouveau blessée. Son propre mari s'inquiète un peu contre elle, puis, avec une pointe de colère contre son enfant ingrat, conseille à la mère de «la laisser tranquille». Mais peu à peu, un bébé apparaît et elle ne peut plus s'éloigner. Elle a tout un monde de soins affectueux pour l'enfant et sa mère. Elle est sûre que personne ne peut prendre sa place désormais. Elle se trompe lourdement. Le bébé est un nouveau type de bébé ; il n'y a jamais eu de modèle aussi parfait auparavant ; et les parents, exaltés au-dessus de toute mesure par la perfection dont ils sont seuls responsables, considèrent sa fierté et sa joie comme une atteinte à leurs nouveaux honneurs et responsabilités. Le bonheur ne fait que les endurcir ; et au bout d'un moment, la mère et la belle-mère comprennent sa perte et s'abstiennent humblement d'intervenir. Ou bien, si elle a une langue imprudente, elle parle avec elle à mauvais escient, et ses mots mordent, et la « mère » est oubliée, et la « belle-famille » reste, pour crier tout mot méchant et rendre compte de tout égoïste . méchanceté.

Bien entendu, dans une relation qui admet des variétés infinies, cette description ne convient qu'à un certain nombre. Mais c'est un très grand nombre ; car il y a peu de familles qui ne puissent se souvenir d'un cas pareil parmi leurs membres ou leurs connaissances. Pourtant, de nombreuses filles agissent de manière plus vertueuse et entretiennent une affection fidèle pour leur ancienne maison. S'ils sont sages, aimants et particulièrement altruistes, ils transporteront probablement leur barque matrimoniale en toute sécurité à travers les bas-fonds étroits qui séparent les deux maisons. Mais le problème est que les personnes nouvellement mariées sont à la fois égoïstes et stupides. Ils se sentent les seuls à avoir de l'importance et pensent que tout doit être arrangé pour leur plaisir. La majesté solennelle du ménage de la jeune épouse ne doit pas être critiquée , qualifiée ou inspectée ; le nouveau chef de famille ne croit pas que « la terre appartient au Seigneur », ni même aux enfants des hommes ; tout cela lui appartient. Et leurs amis acceptent tacitement de sourire un moment de cet égoïsme, parce que tout le monde aime vraiment un amant ; et chacun est prêt à accorder aux mariés un court répit des tristes soucis et des affaires quotidiennes de la vie.

Deux points sont remarquables dans cet antagonisme persistant envers la belle-mère. La première est que le mari, qui se montre souvent particulièrement vindicatif à l'égard de la mère de sa femme, a très peu à dire contre les hommes de sa famille. Si la fille qu'il épouse est orpheline, il ne se dispute pas avec son beau-père ; bien qu'il puisse être aussi interférant que n'importe quelle belle-mère pourrait l'être. Mais si la fille, au lieu d'être orpheline de mère, est orpheline de père, le mari commence aussitôt à montrer son amour pour sa femme par un manque de respect systématique envers sa mère. Pourtant , peut-être un mois auparavant, il la considérait comme une dame très aimable, il lui avait témoigné de nombreuses courtoisies, il lui avait demandé conseil sur tous les détails de son mariage. Qu'est-ce qui lui fait, un peu plus tard, l'accuser de toutes les fautes domestiques ? Comment se fait-il qu'elle soit soudainement devenue « si déterminée » ? Jamais auparavant il n'avait découvert qu'elle traitait sa femme comme un enfant et lui-même comme un appendice. Et comment parvient -il à faire sentir à sa fiancée que « ma chère maman essaie et ne comprend donc pas les choses ». C'est un mystère qui aboutit cependant à ce que la belle-mère ait le sentiment que son nouveau parent la désapprouve totalement. La vérité est que l'amant avait peur des hommes de la famille de sa femme avant le mariage. Ils auraient pu sérieusement interférer avec ses intentions. Après le mariage, il sait qu'ils seront polis avec lui pour le bien de sa femme. Ensuite, les femmes de la famille lui étaient utiles avant le mariage, après celui-ci il peut s'en passer. Il a obtenu la femme qu'il désirait tant avoir par tous les moyens, et il souhaite l'avoir entièrement. Un sourire, ou un mot, ou un acte de gentillesse envers quelqu'un d'autre, est tellement ôté à ses droits. Il désire non seulement usurper son présent et son avenir, mais aussi son passé.

L'autre point remarquable est le déplacement injuste de tous les défauts de la belle-mère sur les épaules de la mère de l'épouse ; ceci est particulièrement injuste, car non seulement les journaux de l'époque, mais aussi le savoir privé de chaque individu, fournissent des témoignages abondants que ce n'est pas la mère de la femme, mais la mère du mari, qui se trouve au bas des neuf dixièmes du revenu. misère domestique découlant de cette source. La mère de l'épouse, avec peu d'encouragements, aimera, voire aimera, l'homme qui a choisi sa fille parmi toutes les autres femmes. La mère du mari n'aime jamais vraiment la femme de son fils. Et les jeunes épouses ont tendance à oublier à quel point il est amer pour une mère de confier son fils, immédiatement et pour toujours, à une fille qu'elle n'aime pas du tout. Peut-être jusqu'ici le fils et la mère ont été tout l'un pour l'autre, et il est tout à fait humain que cette dernière doive lutter avec acharnement et constamment contre une jalousie involontaire et une cruelle clairvoyance pour les petits défauts de sa femme. Il est tout à fait humain qu'elle essaie de semer le trouble et qu'elle se réjouisse du fait que son fils soit moins heureux avec sa femme qu'il ne l'était avec elle et qu'il vienne vers elle pour la réconforter dans sa déception. L'amour d'une mère est souvent un amour très jaloux ; et une mère jalouse est tout aussi déraisonnable qu'une épouse jalouse ; elle peut rendre la vie extrêmement dure à la femme de son fils et, pour lui rendre justice, elle le fait très souvent . Alors, si la femme – blessée et imprudente – se rend chez sa propre mère avec ses chagrins et ses torts, c'est l'attitude naturelle du mari de rejeter le blâme de sa propre mère sur la mère de sa femme. Il y a en effet tellement de manières par lesquelles cette misère peut entrer dans un foyer qu'il est impossible de les définir ; car il y a juste assez de variété dans chaque cas pour donner à chacun une individualité de souffrance.

Que faut-il donc faire ? Admettons tout de suite que nos relations nous causent la moitié de la douleur et du chagrin que nous souffrons dans la vie ; mais chacun peut faire quelque chose pour réduire la responsabilité. Nous pouvons nous rappeler que toutes ces querelles proviennent d'un excès d'amour, et qu'une querelle née de l'amour est plus porteuse d'espoir qu'une querelle née de la haine. En tant que belles-mères, on peut se dire que lorsque nos enfants sont mariés , nous n'avons plus le premier droit sur eux. Il faut laisser les jeunes vivre leur vie au mieux, et nous ne devons jamais intervenir, ni donner de conseils tant qu'ils ne sont pas demandés. Une autre irritation, peu soupçonnée, est la poussée palpable de la nouvelle relation. Des deux côtés, il est bon de ne pas se presser de le revendiquer. Une fille prend un homme pour le meilleur ou pour le pire, mais elle ne prend pas pour autant tous ses proches. L'amour pour son mari n'inclut pas l'admiration pour tous les membres de sa famille ; et cela ne le sera pas non plus, jusqu'à ce que le millénium rende tous les tempéraments parfaits. Et, encore une fois, un homme n'aime pas se laisser entraîner dans un sentiment filial envers la famille de sa femme. Beaucoup d'hommes aimeraient mieux que leurs nouveaux parents leur laissent un sentiment de liberté parfaite en la matière.

L'essentiel est que les hommes doivent mettre un terme à une maltraitance traditionnelle qui touche chaque femme de chaque foyer. Ils peuvent le faire ! Beaucoup d'hommes honnêtes et virils brûleraient de honte s'ils considéraient combien de fois il a non seulement permis, mais aussi participé, les rires stupides et injustes que de misérables parieurs, des ménestrels noirs, des amants déçus et d'autres incapables lancent aux femmes de sa propre maison. Car si un homme est marié, ou espère un jour l'être, sa propre mère est, ou doit être, une belle-mère. S'il a des sœurs, leur destin les mettra probablement dans la même situation. La jeune mariée la plus belle a la perspective devant elle ; la petite fille au berceau peut vivre en pensant que sa propre mère est ennuyeuse, ou en pensant qu'une autre mère en est une, s'il n'y a pas une meilleure compréhension d'une relation qui est en effet loin d'être risible. Au contraire, l'initiation est généralement un sacrifice, fait avec un chagrin et une anxiété infinies, et avec de nombreuses larmes douloureuses.

Dans les théâtres, dans les petits cercles dont la maison de chaque homme est le centre , partout où des imbéciles irréfléchis tournent en ridicule les femmes et la maternité, il est au pouvoir de deux ou trois hommes bons de rendre cette habitude péjorative et démodée. Ils peuvent cesser de rire des misérables petites plaisanteries et traiter avec mépris l'esprit vulgaire qui les répète. Car les hommes qui disent des choses amères à propos de leurs belles-mères sont soit des égoïstes égoïstes, qui se sont attirés des ennuis de cette source, soit des imbéciles moraux, répétant comme des perroquets des plaisanteries stupides dont ils ne comprennent même pas le sens et la méchanceté.

Bonnes et mauvaises mères

LA différence entre les bonnes et les mauvaises mères est si vaste et si profonde qu'il n'est pas exagéré de dire que les bonnes mères de cette génération construisent les maisons de la génération suivante et que les mauvaises mères construisent les prisons. Car c'est de familles que naissent les nations ; et si le père est le chef et les mains d'une famille, la mère en est le cœur. Aucune fonction au monde n'est aussi honorable que la sienne, aucun sacerdoce aussi saint, aucune influence aussi douce, aussi forte et durable.

Pour cette immense responsabilité, l'amour maternel a toujours suffi. Les femmes les plus ignorantes s'y sont fiées ; et les plus érudits y ont trouvé son potentiel alors que toutes leurs théories échouaient. Et ni les hommes ni les femmes sages ne trouveront jamais quoi que ce soit qui puisse remplacer l'amour maternel dans l' éducation des enfants. S'il y a d'autres bonnes choses présentes, cela les glorifie ; s'il n'y a pas d'autre bonne chose, c'est suffisant. Car l'amour maternel est l'esprit de sacrifice de soi jusqu'à la mort, et le sacrifice de soi est la nourriture et la boisson de toute affection vraie et pure.

Pourtant, cette condition capitale suppose une influence centrale, une obligation de la part de l'enfant qui lui rendra la pareille ; et cette influence centrale se trouve dans *l'obéissance* . Il était une fois un enfant dans la communauté juive que l'on qualifiait de « merveilleux », et pourtant le fait le plus significatif rapporté de son enfance est qu'il « était soumis à ses parents ». En fait, rien d'autre n'est dit sur l'enfant, et nous devons conclure que dans le fait prégnant de son obéissance enfantine réside le secret de sa future virilité parfaite. Amour désintéressé chez la mère ! joyeuse obéissance chez les enfants ! quel que soit le foyer où ces forces sont constamment à l'œuvre, ce foyer ne peut pas être un échec. Et l'amour maternel n'est pas du bon genre, ni de la plus haute tendance, s'il n'oblige à cette obéissance.

L'affirmation selon laquelle une fermeté affectueuse et même un châtiment sain sont inutiles dans notre civilisation avancée est spécieuse et dangereuse. Les enfants d'aujourd'hui ont autant de vices rudimentaires qu'au temps des patriarches ; en général, ils sont volontaires et enclins au mal dès leur berceau ; gourmands sans rougir, et prêts à mentir dès qu'ils découvrent l'usage du langage. Une bonne mère ne ferme pas les yeux sur ces faits ; elle accepte son enfant comme imparfait et l'entraîne avec un amour et un souci constants pour ses devoirs les plus élevés. Elle n'appelle pas l'impudence « intelligence », ni l'insubordination « esprit élevé », ni l'égoïsme « savoir se prendre en charge », ni le mensonge et la malhonnêteté « acuité ». Elle sait, si l'enfant doit être le père de l'homme, quel genre d'homme un tel enfant fera.

Comment gérer les jeunes enfants ; comment les renforcer physiquement ; comment éveiller au mieux leur intellect, mobiliser leurs affections et gagner leur confiance ; comment faire de sa maison le plus doux endroit de la terre, un lieu d'amour, d'ordre et de repos, un temple de pureté où l'innocence est respectée et où personne n'est autorisé à parler de sujets indécents ni à lire des livres indécents, telles sont les devoirs d'une bonne mère; et sa position, si elle est ainsi remplie, est digne et grave. Car c'est sur la pierre du foyer qu'elle donne à ses fils et à ses filles la touche initiale de bonne santé qui ne s'efface pas au cours de la vie et qui les rend bénis dans leur génération.

Il est un autre devoir, très sacré, que certaines mères, si bonnes à tous autres égards, délèguent à d'autres, soit inconsidérément, soit avec des idées erronées, la formation religieuse de leurs enfants. Aucune école du dimanche ni aucune église ne peuvent le faire à leur place. L'enfant qui apprend « Notre Père » sur les genoux de sa mère, qui entend de la bouche de sa mère les histoires héroïques et tendres de la Bible, a dans son âme une source de foi religieuse qu'aucune vie après la vie, aussi dure, rapide et destructrice, ne puisse tarir. en haut. Il est donc inconcevable qu'une mère puisse permettre à une autre femme de la priver d'une influence sur ses enfants que rien ne peut détruire ; d'un souvenir dans leur vie si doux que lorsque tout autre souvenir sera flétri et proche de la décadence, il sera encore frais et vert, oui, même jusqu'à l'embouchure de la tombe. Famille! Pays! Humanité! ces trois, mais le plus grand des trois est la Famille ; et le cœur de la famille est la bonne mère. Heureux les enfants qui en ont un ! Avec eux

« foi en la femme

Battre avec leur sang et faire confiance à toutes choses élevées

C'est facile pour eux.

Mais si le grand essentiel d'une bonne mère est l'amour qui s'efface et se renonce à lui-même, c'est une mauvaise époque pour son développement. L'égoïsme et la recherche de soi sont l'esprit du temps, et leur poison effrayant a infecté la féminité et touché même le principe sacré de la maternité. Chez certaines femmes, cela prend la forme d'un devoir. Ils estiment que leur propre culture mentale est d'une importance suprême ; ils souhaitent assister à des conférences, prendre des leçons et se livrer à quelque étude spéciale. Ou bien la condition d'esclavage de leur propre sexe les trouble ; ils pensent aux vendeuses opprimées d'Amérique, ou aux odalisques isolées dans quelque sérail de l'Est, ou bien ils ont des fonctions ecclésiastiques proclivitieset président des réunions religieuses ou politiques , et donnent des conférences devant leur club spécial sur le handicap des femmes. De cette manière et bien d'autres encore, elles mettent de côté la mission naturelle de la féminité, la considérant comme un instinct animal peu propice à leur développement mental.

Désormais, personne ne s'opposera à ce que les femmes se consacrent aux œuvres de religion et de charité ; mais cette dévotion doit précéder le mariage. Si elles ont assumé la position d'épouse, c'est une chose monstrueuse de se considérer dégradée par ses conséquences, ou de considérer le soin des enfants comme une perte de leur propre vie. Le monde peut se passer de femmes savantes, mais il ne peut se passer de bonnes épouses et de bonnes mères ; et quand les femmes mariées préfèrent être des ornements sociaux et des amateurs intellectuels, on peut les appeler philanthropes et savantes, mais elles sont néanmoins des ratés moraux et de mauvaises mères.

La société a également démodé la maternité, et si l'on considère la femme moyenne de la société, c'est peut-être aussi bien. Aucun enfant n'est plus désespéré et plus à plaindre que les restes de la femme dont la vie est livrée à ce qu'elle appelle le « plaisir ». Les bébés nés dans des conditions modestes sont allaités au sein de leur mère et bercés dans ses bras aimants. Elle leur apprend à marcher et à lire. Dans toute leur douleur, elle les apaise ; dans toutes leurs joies, elle a une part ; dans tous leurs torts, la « mère » est une aide et une consolatrice toujours présente. L'enfant de la femme à la mode est trop souvent confié d'emblée aux soins d'un étranger qui, pour quelques dollars par mois, est censé accomplir pour elle le devoir de mère. S'il ne suce pas le lait vicié, probablement malade, de quelque paysan, il a le biberon et l' embout en caoutchouc , lorsque la responsable choisit de le lui donner. Mais elle est souvent de mauvaise humeur, ou somnolente, ou le lait n'est pas préparé, ou elle est au milieu de commérages confortables, ou elle s'habille ou se nourrit, et il ne faut pas s'attendre à ce qu'elle mette des seize. dollar par mois pour bébé avant son propre confort ou son propre plaisir.

L'enfant ne peut pas se plaindre de faim, il ne peut que pleurer et il est très probable qu'il soit frappé pour avoir pleuré. La raison pour laquelle ces petits négligés souffrent de soif est une question difficile à examiner . L'infirmière, habituée à boire son thé et sa bière à toute heure, n'utilise pas elle-même l'eau froide et elle n'imagine jamais que l'enfant en ait besoin. Beaucoup de bébés, après avoir été torturés pendant des heures par une soif fiévreuse et dévorante, passent entre les mains du médecin avant que le mal ne soit reconnu. Mais si c'était la mère de l'enfant qui l' avait allaité, elle n'aurait pas tardé à découvrir la cause de son impatience et de son inquiétude.

Que n'importe quelle femme au cœur tendre aille dans les parcs et surveille un de ces enfants malheureux confié aux soins de sa nourrice. Le soleil brûlant frappe le petit visage tourné vers le haut, et la créature ignorante aux commandes continue son flirt, ou ses commérages, ou son roman.

L'enfant est peut-être sur le point de hurler à force de rester allongé dans une position, mais personne n'en comprend la nécessité. Pendant ces heures affreuses où ses dents se frayent un chemin à travers des gencives brûlantes et gonflées – heures qui amèneraient des exclamations inefficaces de la part d'adultes – le petit malade abandonné est à la merci d'une femme endormie et indulgente, qui n'a aucun amour pour lui. Pourquoi, en effet, le ferait-elle ? Si c'était Question de catéchisme, combien de femmes instruites seraient capables d'allaiter avec bonhomie pendant des semaines un enfant agité et malade qui n'est pas le leur ?

Quant à ces bébés négligés par des femmes en quête de plaisir, ils souffrent terriblement, mais ensuite leurs mères passent ce qu'elles considèrent comme des moments tout à fait charmants, posant à l'opéra ou tournoyant dans une salle de bal, habillées de façon exquise et riant aussi légèrement que s'il y avait des femmes en quête de plaisir. aucun écho douloureux de leurs pépinières négligées. Car aucune nourrice n'est susceptible de se plaindre de son bébé, elle connaît trop bien son métier et ses intérêts pour cela ; elle préfère prononcer des mots confortables et jure que « le petit chéri grandit de mieux en mieux à chaque heure, que Dieu le bénisse ! » et, ainsi assurée, la mère s'en va d'un air léger, en se disant que sa nourrice est un parfait trésor. Quoi que fassent les autres infirmières , elle sait que son infirmière est fiable. Le fait est que, même lorsqu'il y a des enfants dans une crèche capables de se plaindre des torts et des cruautés qu'ils doivent endurer, ils osent très rarement le faire. Maman est une chère et belle dame, très lointaine ; l'infirmière est une puissance omniprésente, capable de les faire souffrir encore davantage. Et maman n'aime pas entendre des histoires, elle semble toujours ennuyée par tout ce qui est contre la nourrice. Ils regardent le visage de leur mère avec les yeux pleins de leur triste histoire, si seulement elle avait le cœur de comprendre ; mais ils n'osent pas parler, et très vite ils sont renvoyés à leur cruel gardien avec un baiser et une injonction « d'être bons et de faire ce que leur dit l'infirmière ».

Considérez les femmes à qui cette classe de mères délègue leur haute fonction, fonction pour laquelle presque aucun amour ni aucune sagesse ne suffisent. Il ne serait guère possible de trouver dans le monde entier des personnes plus inaptes à cela. En prenant cette classe dans son ensemble, ces mêmes mères ne se lassent jamais de s'étendre sur son immoralité grossière, sa tromperie, sa cupidité et sa malhonnêteté ; pourtant ils n'hésitent pas à confier la vie même de leurs enfants à ces femmes, dont les premières leçons sont le mensonge et la tromperie. C'est un système hideux, et combien doit être hideuse cette vie appelée « plaisir » qui peut ainsi mettre de côté l'amour, la raison, la conscience et briser en morceaux une loi naturelle si forte que dans sa pureté elle s'avère souvent plus puissante que la loi de la nature . l'auto-préservation. Écrivant sur ce sujet, Frederick James Grant, FRCS, dans son livre audacieux et original, « From Our Dead Selves », raconte l'histoire d'une mère à la mode qui a mis son premier enfant au sein et qui, lorsque son deuxième est mort à la naissance et a été amenée à son chevet dans son cercueil, s'intéressait entièrement, non pas à l'enfant, mais à la jolie doublure et au revêtement du cercueil. Car c'est un des faits surprenants de cette condition de maternité que le pauvre enfant laissé à quelque terrible mégère, corps et âme, ait le plus grand soin apporté à ses volants, à ses manteaux et aux écharpes de son landau. Car ces choses seront vues et commentées par les serviteurs d'autrui, et sont donc dignes d'attention.

C'est un étrange état de société qui tolère ce terrible transfert de devoirs, et la société aura la facture à payer ainsi que la cruelle mère. Ces enfants délaissés, quelle que soit leur naissance, sont en réalité issus des classes dangereuses, et risquent d'y dériver. Car la première formation morale d'un enfant est la plus importante de toutes, et dans ces cas, elle est donnée par des femmes grossières à la fois par ignorance et par vice ; dont les proches vivent très probablement en même temps dans des localités suspectes ou dans des quartiers pénitentiaires. Et, bien entendu, leurs premières leçons à leurs enfants sont de mentir, de tromper, de commettre de petits larcins et de ne pas se faire découvrir. Il leur est ordonné de ne pas raconter d'histoires hors de la crèche ni de faire savoir à maman ce que l'infirmière ne veut pas savoir. Le mauvais langage, les mauvaises habitudes, la haine, les petites conciliations, les méchancetés de toutes sortes, sont au programme de toute crèche confiée aux soins des femmes qui s'y trouvent habituellement.

Personne n'a besoin d'imaginer que le mal ainsi provoqué puisse être éradiqué dans les années à venir par une classe supérieure d'enseignants. La graine vicieuse est semée ; il est presque impossible de parcourir le champ de l'esprit d'un enfant et de le rassembler à nouveau. Il a pris racine, et à moins qu'il ne puisse être remplacé par une végétation plus noble, la récolte est certaine. La mère donc, qui préfère le plaisir et la société à ses enfants qu'elle livre à des nourrices méchantes et cruelles, est elle-même méchante et cruelle. Elle peut se présenter devant le monde comme la personnification du raffinement, de la délicatesse et de l'élégance, mais elle ne vaut en réalité pas mieux que son substitut ; et elle n'a pas le droit d'espérer que ses enfants iront mieux. Dans certains cas favorables, une puissance rédemptrice peut apparaître dans les années à venir, mais dans l'ensemble, ils dériveront vers leurs premières impressions morales ; et quand ils sont devenus des hommes et des femmes méchants et malheureux, ils n'hésiteront pas à dire : « De notre mère vient notre misère. » Ce sont de dures vérités, mais la moitié n'a pas été révélée. Car s'il n'y avait pas le grand nombre de bonnes mères, riches et pauvres, cette classe de femmes saperait toute vertu, tout ce qui est beau et de bonne réputation.

On croyait autrefois que les mères représentaient la qualité antiseptique de la société, qu'elles en préservaient le ton moral, en insistant sur le fait que le langage utilisé et les sujets abordés devant elles devaient être tels qu'ils conviennent aux femmes vertueuses. Mais il existe une sorte de mauvaise mère à laquelle les sujets douteux semblent tout à fait appropriés. Elle en discute sans réserve en présence de ses filles, et elle fait de son salon le forum des femmes aux vues domestiques queer, des femmes de « culture physique » et autres personnages semblables. Les choses que nos grands-mères sont descendues dans leurs tombes sans le savoir, dont elle parle en des termes sans équivoque devant des filles célibataires. Une certaine mère, qui défendait avec audace son opinion selon laquelle « les filles ne devraient pas rester dans l'ignorance pour préserver leur innocence », a permis à sa propre fille d'être présente lors de tous les scandales peu recommandables de Vanity Fair. L'enfant a appris à observer avec intérêt les agissements des femmes au fil des saisons et à écouter avec sang-froid des histoires très discutables. Avant l'âge de douze ans, elle était devenue méfiante à l'égard de la conduite de toutes les femmes, et lorsqu'un jour son professeur lui demanda : « Qui était Moïse ? elle répondit aussitôt : « Le fils de la fille de Pharaon. » « Pas le fils », corrigea le professeur, « le fils adoptif. La fille de Pharaon l'a trouvé dans le Nil. « *C'est ce* qu'elle a dit, » répondit cette femme prématurée, — des soupçons sur les actions des femmes et une hypothèse facile sur les pires motivations de celles-ci, étant les leçons qu'elle avait déduites de connaissances transmises avant que l'esprit et l'expérience soient capables de les recevoir.

On dit souvent que « l'ignorance n'est pas l'innocence ». C'est vrai, mais la connaissance n'est pas non plus l'innocence ; c'est le plus souvent le premier pas vers la culpabilité. À quoi bon que les petits enfants connaissent les choses qui appartiennent à la maturité ? Existe-t-il une fille plus douce ou même plus en sécurité pour connaître le courant de saleté sous-jacent à la croûte scintillante de la société dorée ? Le quartier chinois est une réalité, mais y a-t-il une mère qui aimerait que sa fille le visite ? Mais s'il n'est pas digne de le visiter, il ne convient pas d'en parler. Personne n'est jamais mieux informé du mal, à moins qu'il ne puisse faire quelque chose pour y remédier.

Une bonne mère protégera ses enfants des conséquences de leur propre ignorance, physique et morale, et elle les protégera tout aussi soigneusement d'une connaissance nuisible parce que prématurée, tout comme un fruit vert et non mûr est nuisible. Et aucune tutelle n'est trop étroite à cette fin. Les mères admettent généralement ce fait à l'égard des enfants d'autrui, mais quant à leur propre couvée, elles se bercent dans une généreuse croyance en son incorruptibilité. Leurs filles ne feraient jamais comme les autres filles ; et leurs filles ont par conséquent droit à une licence qu'ils jugeraient dangereuse pour d'autres que leurs propres filles. Puis un jour , il y a un paragraphe dans un journal, et les hommes blâment l'homme, et les femmes blâment la fille, et tout le temps, la mère est probablement la plus coupable des parties. Elle a stimulé l'imagination de sa fille dans son enfance, elle l'a laissée au choix de ses compagnes dans sa jeunesse, elle a confié son devoir sacré aux circonstances, elle s'est livrée à un vague espoir sur l'honneur et la vertu de l'humanité, et a ainsi satisfait son indolence. négligence. Mais de quel droit pouvait-elle s'attendre à ce que les hommes vénèrent le trésor qu'elle-même avait laissé sans surveillance ?

Car aucune race spéciale n'a été créée pour cette époque ; ce qu'étaient Adam, Jacob, Samson et David, ce qu'étaient Ève, Sarah, Rachel, Jaël et Bethsabée, sont les hommes et les femmes d'aujourd'hui, dans tous leurs éléments essentiels. Les circonstances seules les ont fait différer ; et la nature se rit des circonstances, et revient, en cas de crise, à ses premiers principes. En effet, la bonne mère d'aujourd'hui, au lieu de se détendre, doit accroître ses soins envers ses enfants. Car jamais depuis la création du monde la jeunesse n'a été autant prise en charge, jamais elle n'a été autant entourée de tentations ouvertes, jamais autant flattée, et pourtant jamais en même temps les rênes de la discipline n'ont été aussi relâchées. Maintenant, l'esprit que nous évoquons, nous devons le contrôler, sinon nous devons en devenir l'esclave. Si nous ne devons plus révérer les cheveux gris de la vieillesse ; Si les jeunes hommes doivent conduire le char du soleil et si les jeunes femmes doivent être autorisées à dépouiller l'Arbre de la Connaissance du bien et du mal, alors il est grand temps d'inventer un système d'éducation qui mettra les vieilles têtes sur les jeunes épaules. Hélas, cela ne pourra jamais être le cas, car l'éducation est un processus long et composite, composé d'influences du foyer, de circonstances environnantes et d'associations précoces. Lorsque les livres, les écoles et les professeurs auront fait tout ce qu'ils peuvent, bien au-dessus de tout Gamaliel se trouvera la bonne mère, la première influence, le premier professeur, le premier ami et le dernier.

Mariages inégaux

S'IL est une erreur particulièrement fatale à l'avenir d'un jeune homme ou d'une jeune fille, c'est bien cet acte suprême de destruction sociale qu'on appelle la *mésalliance* . En effet , elle n'est mesurable par aucune des conditions habituelles de la vie, et la mort elle-même serait une bonté comparée à la longue misère de certaines sortes de *mésalliances* . Ils peuvent provenir d'inégalités de naissance, de différences de foi religieuse ou de grandes différences d'âge ; mais quelle que soit l'occasion, elles constituent toujours une erreur profonde et irrémédiable ; l'erreur *par excellence* de toute vie.

Un mariage inégal n'est pas seulement l'erreur la plus fatale de la vie, c'est aussi la plus courante ; et bien qu'il ne soit pas très facile à un homme de se ruiner par un seul acte, un mariage insensé lui fournira au moins une voie décisive. Quant aux *mésalliances masculines* , on ne peut pas dire qu'elles soient spécialement une tentation de la jeunesse. Les vieillards insensés qui épousent leurs cuisinières, et les jeunes gens insensés qui s'embarrassent de quelque divinité du Casino, maintiennent une moyenne très constante. Mais l'erreur du jeune homme est de loin la pire des deux ; car il a toute la vie devant lui et n'a probablement pris aucune disposition contre un tel suicide social.

Si un vieil homme se marie en dessous de son statut et de sa culture, il croit avoir la femme qu'il désire le plus ; et s'il est déçu, il est en tout cas proche de la fin de sa vie, et soit il n'a pas d'enfants qui souffrent de sa folie, soit ils ont déjà grandi au-delà de sa portée la plus douloureuse. Mais un jeune homme qui s'attache à une femme qui est en tous points au-dessous de son statut, de son éducation et de son ambition professionnelle, se trouve dans un cas différent. En très peu de temps commence la désillusion de ces sens sous lesquels il se laissait lier par la simple beauté physique ; et il sait que, en ce qui concerne ses progrès futurs, il s'est mis une meule autour du cou.

L'effet d'une *mésalliance sociale* sur une fille est encore pire. En premier lieu, il devrait en être ainsi ; car elle doit pécher contre l'instinct naturel d'une bonne femme, qui est toujours de se marier au-dessus d'elle-même, instinct qui est, tant physiologiquement que socialement, noble. Car une femme est inférieure à une femme qui ne considère pas les conséquences du mariage et ne lui fournit pas de toutes les manières possibles le meilleur père pour sa progéniture. Et si elle se marie de manière socialement inférieure, la présomption presque certaine est que le statut social de son mari est la mesure de ses capacités intellectuelles, mais aussi de son raffinement personnel. Et lorsqu'une femme ne se considère que dans son mariage et ne se soucie pas des circonstances auxquelles elle peut condamner ses enfants à naître, elle est l'incarnation de l'égoïsme animal.

Sans s'arrêter à analyser les sources de sa désapprobation, c'est là sans doute un motif instinctif de la froideur persistante que la société accorde aux filles qui se dégradent par une *mésalliance* . Il est évident pour tout le monde qu'elle a péché contre elle-même, contre sa famille, contre sa classe sociale et contre les instincts les plus élevés de son sexe. Les femmes n'ont aucun pardon pour de tels pécheurs ; car ils ne voient pas seulement le mal présent, ils attendent aussi avec impatience les enfants possibles d'une telle union. Ils comprennent qu'ils devront subir toutes les limitations de la pauvreté alors qu'ils auraient dû bénéficier de tous les avantages de la richesse. Ils peuvent éventuellement hériter des goûts et des tendances vulgaires de leur père, ou bien devoir endurer la misère des goûts raffinés sans aucune possibilité de les satisfaire. Pour ce péché prémédité contre la maternité et contre la postérité, les bonnes femmes ont du mal à tolérer le coupable ; car ils savent que l'honneur d'une femme réside dans son mari, et que sa condition sociale et sa vie sociale sont déterminées par le sien.

Lorsqu'une jeune fille se rend coupable de *mésalliance* , on dit parfois, en guise d'atténuation, qu'« elle a épousé un homme de noble caractère ; et il vaut mieux épouser un homme pauvre, ignorant, au caractère noble, qu'un homme riche, égoïste et vicieux. Si l'alternative était positive, oui, mais il n'est pas nécessaire de faire un choix entre ces personnages. Les hommes aux habitudes et aux manières raffinées et avec une bonne éducation peuvent aussi avoir de nobles dispositions ; et les hommes pauvres et mal élevés n'ont pas toujours de nobles ; en tout cas, une bonne femme trouvera toujours dans sa classe des hommes aussi bons qu'elle trouvera dans une classe inférieure à la sienne.

Tout ce danger est évident pour les parents. Ils savent combien la passion et la fantaisie sont passagères ; et ils conçoivent avec raison qu'il est de leur devoir d'empêcher par tous les moyens possibles leur fille de faire un mariage indigne. La question de savoir dans quelle mesure les parents peuvent légalement intervenir est une question qui n'est pas encore résolue, ni encore facile à trancher. L'idée américaine du mariage est, en théorie, que chaque âme trouve son âme sœur et vit heureuse pour toujours ; et dans cette recherche romantique d'une âme de compagne, les jeunes filles sont autorisées à errer dans la société, au moment même où leurs instincts sont les plus forts et leur raison la plus faible. La théorie française — à laquelle la théorie anglaise s'apparente quelque peu — est que les connaissances d'une mère valent mieux que l'imagination d'une fille ; et que la sagesse qui a choisi jusqu'à présent ses professeurs, médecins, guides spirituels et compagnons, qui l'a guidée à travers la maladie et la santé, ne manquera probablement pas de choisir l'homme le plus approprié pour son mari.

Cette dernière théorie suppose que les femmes aiment naturellement tout homme aimable qui leur appartient et qui est gentil avec elles ; c'est-à-dire si elle a un cœur vierge et qu'elle passe dans cet état de ses leçons à ses devoirs de mariage. La théorie américaine suppose que les filles aiment par sympathie, par attirance spirituelle et par attirance personnelle ; par conséquent, nos filles sont libérées tôt – trop tôt – pour choisir parmi une variété de testaments, de Franks et de Charlies ; et il en résulte naturellement un grand nombre de ce qu'on appelle des « parties d'amour » dont il faut reconnaître que *les mésalliances* sont trop souvent le corollaire. Entre ces deux théories, il est impossible de faire une sélection positive ; car le mal de chacun est si mauvais, et le bien de chacun si bon, que tous deux sont capables de louanges et de blâmes les plus absolus. On peut cependant affirmer avec certitude que la confiance que chaque jeune fille américaine a dans son propre pouvoir de choisir son propre mari contribue à atténuer le danger et à maintenir les choses en ordre. Car une jeune fille honorable peut se voir confier son propre honneur ; et une personne déshonorante, parmi un certain nombre de choix, pourrait peut-être s'en sortir mieux qu'elle ne le mérite ; car la Fortune ramène parfois des barques qui ne sont pas dirigées.

La plupart des filles font *des mésalliances* par pure inconscience, ou par volonté personnelle, ou par cette passion juvénile pour la romance qui trouve agréable de perdre son monde par amour. Les romans insensés sont aussi souvent responsables de leur crime social que les hommes insensés, romans qui sont une apothéose de l'amour à tout prix ! L'amour contre toute obligation domestique et sociale ! L'amour malgré toute pensée prudente concernant la viande et l'argent compte ! L'amour dans une chaumière, et des rossignols et des chèvrefeuilles pour payer le loyer ! Et si les parents s'opposent à ce que leur fille se marie à la ruine, alors ils sont représentés comme des monstres de cruauté ; tandis que la jeune fille qui vole furtivement vers sa misère et brise tout lien moral pour ce faire, est idéalisée en un ange de vérité et de souffrance.

Dans la vraie vie, que doivent faire les parents d'une fille dont la folie romantique l'a amenée à épouser leur palefrenier ou leur valet de pied ? Nous avons survécu aux passions inexorables de nos ancêtres, à leurs amours et haines éternelles, à leurs sacrifices et à leurs vengeances. Notre code social ne tolère aucune passion qui engloutisse tout le reste ; et nous devons nous contenter d'une expression décente de nos sentiments. Ce que leur fille a fait, ils ne peuvent pas le défaire ; ils ne peuvent pas non plus la soulager des conséquences sociales de son acte. Elle a choisi de placer leur serviteur au-dessus et avant eux, et d'humilier toute sa famille, afin de plaire à son amant de basse naissance et à elle-même, et elle n'a donc droit à aucune considération plus grande que celle qu'elle a accordée. Ses parents ne cesseront peut-être de l'aimer et lui épargneront tous les reproches, sachant que son châtiment est certain ; mais ils ne peuvent pas, pour le bien de leurs autres enfants, la traiter socialement au-dessus du rang qu'elle a choisi. Elle est devenue l'épouse d'un serviteur, et ils ne peuvent pas accepter son mari comme leur égal ni insulter leurs amis en le leur présentant. Comme la situation dans laquelle elle s'est mise est misérable ; car si l'homme qu'elle a épousé est naturellement un homme bas, il la traînera probablement à son niveau par la « grossièreté de sa nature ». Si elle est une femme au fort caractère, elle peut élever son mari vers le haut, mais elle accepte un tel travail au péril de sa propre vie supérieure. Et si elle se trouve dans l'impossibilité soit de l'élever à son niveau, soit de s'abaisser à son niveau, que reste-t-il alors ? Des regrets à vie, une honte amère et des reproches, ou bien une libération forcée d'elle-même . Mais ce dernier remède porte en lui le désespoir au lieu de l'espoir. Elle ne pourra jamais tout à fait retrouver sa place de jeune fille, et une *aura* d'un genre douteux influence tous les efforts de sa vie future.

Après tout, même si les hommes n'ont pas la réputation d'être romantiques, il est certain qu'en matière de mariage inégal, ils sont plus souvent imprudents que les femmes. Il existe une certaine possibilité d'élever une femme de basse naissance au niveau d'un homme cultivé, et les hommes osent cette possibilité bien plus souvent qu'on ne le suppose généralement. Peut-être qu'après une longue saison, ils trouvent les belles dames avec lesquelles ils ont flirté et dansé une lassitude ; et dans cet état d'esprit, ils sont soudain pris par une fille simple et démodée, qui ne sait ni s'habiller , ni flirter, ni danser. Ils commettent donc la grave erreur de penser que parce que les belles dames sont insupportables, les femmes qui ne le sont pas seront douces et aimables. Mais si l'un est vide, cela prouvera-t-il que l'autre est un gain ? La stupidité ou la folie d'une femme polie est déjà assez grave ; mais la stupidité et la folie d'une femme sans instruction sont pires. Très vite, ils le découvrent, et puis viennent l'indifférence, la négligence, la cruauté et toute la misère qui accompagne deux vies ruinées.

Le résultat du mariage inégal entre les deux sexes est une certaine misère, et ce verdict ne doit pas être altéré par ses exceptions, si brillantes qu'elles puissent paraître. Car lorsqu'un homme riche et instruit épouse une fille sans instruction et de basse naissance, ou qu'une femme d'une culture apparente et d'une position sociale élevée épouse sa servante, et que les mariages sont raisonnablement heureux, alors on peut positivement dire : « Il n'y a pas eu de mésalliance . .» Le mari et la femme n'étaient inégaux que dans leurs apparences. Les vrais personnages des deux devaient être vulgaires et naturellement bas et sous-éduqués.

C'est une folie de parler de deux êtres inégalement mariés « grandissant ensemble », ou de « temps qui soudent leurs différences » et rendent les choses confortables. L'habitude nous réconcilie en effet à beaucoup de souffrances et à beaucoup d'épreuves ; mais un mariage inégal est une épreuve à laquelle personne n'a à faire face. C'est sans excuse, et donc sans réconfort. Lorsque le Tout-Puissant nous décrète le martyre, il y mêle sa paix et ses consolations ; mais quand nous nous tourmentons, nos souffrances font rage comme un incendie. Peut-être que la chaîne peut être usée, comme une chaussure serrée est usée jusqu'à ce qu'elle ne soit plus lame ; mais oh, quelle misère dans le processus ! Et même dans ce cas, le malade résigné n'a aucun crédit dans sa patience ; bien au contraire, car il sait aussi bien que d'autres que, bien que la soumission à ce que Dieu ordonne soit le summum de l'énergie et de la noblesse, la soumission aux erreurs que nous commettons nous-mêmes est le point culminant de la lâcheté et de la faiblesse.

Femmes mécontentes

LE MÉCONTENTEMENT est un vice vieux de six mille ans, et il sera éternel ; parce que c'est dans la course. Chaque être humain a un côté plaintif, mais le mécontentement est ancré dans le cœur de la femme ; c'est son péché originel. Car si la première femme avait été satisfaite de ses conditions, si elle n'avait pas aspiré à être « comme des dieux » et aspiré à des connaissances illégales, Satan n'aurait guère jugé utile de discuter avec elle de ses droits et de ses torts. Cette malheureuse controverse n'a jamais cessé ; et, avec ou sans raison, la femme a été perpétuellement sujette au mécontentement de sa condition et, selon sa nature, a été émue par son influence. Il a rendu certains maussades, certains plaintifs, certains ambitieux, certains imprudents, tandis qu'une noble majorité a trouvé dans son contrôle même ce calme serein et cette gaieté qui sont accordés à ceux qui conquièrent plutôt qu'à ceux qui héritent.

Mais, malgré toutes ses variations d'influence et d'activité, il n'y a jamais eu une époque dans l'histoire du monde où le mécontentement féminin ait autant assumé et exigé autant qu'aujourd'hui ; et la femme satisfaite comme la femme insatisfaite peuvent bien s'arrêter pour se demander si la fièvre féroce d'agitation qui a saisi un si grand nombre de personnes du sexe n'est pas plutôt un délire qu'une conviction ; s'ils ne sont pas aussi bêtement impatients de sortir de leur Éden, comme l'était la femme Ève il y a six mille ans.

Nous pouvons présumer, afin d'ouvrir la voie, qu'il existe un noble mécontentement qui a une grande œuvre à accomplir dans le monde ; un mécontentement qui est l'antidote à l'orgueil et à l'autosatisfaction, et qui pousse le travailleur de toute sorte à réaliser continuellement un idéal plus élevé. Surgissant du Regret et du Désir, entre ces deux soupirs, tous les horizons s'élèvent ; et la passion même de son désir donne à ceux qui ressentent ce mécontentement divin le pouvoir de franchir tout ce qui les sépare de leur espérance et de leur aspiration.

Après avoir reconnu tant de choses en faveur du mécontentement, nous pouvons maintenant examiner certaines des formes les plus répréhensibles sous lesquelles il a attaqué certaines femmes de notre propre génération. A la tête de ces mécontents se trouvent les femmes insatisfaites de leurs tâches ménagères. L'un des aspects domestiques les plus tristes de notre époque est le discrédit dans lequel est tombé le ménage ; car c'est le premier devoir naturel d'une femme et cela répond aux besoins de sa meilleure nature. Il n'est nullement nécessaire qu'elle soit une Cendrillon parmi les cendres, ou une Nausicaa lavant du linge, ou une Pénélope toujours à son aiguille, mais toutes les femmes intelligentes comprennent maintenant que la bonne cuisine est une science libérale et qu'il existe une science libérale. lien le plus intime entre la nourriture et la vertu, et la nourriture et la santé, et la nourriture et la pensée. En effet, on appelle beaucoup de choses des crimes qui ne sont pas aussi graves que la sauvagerie d'un cuisinier irlandais ou les dégâts d'un pâtissier de quatrième ordre.

Il faut remarquer que cette révolte de certaines femmes contre le ménage n'est pas une révolte contre leurs maris ; c'est simplement une révolte contre leurs devoirs. Ils considèrent le travail domestique comme dur, monotone et inférieur, et confessent avec une franchise cynique qu'ils préfèrent s'occuper de papier, ou se lancer dans l'art, ou broder des taies d'oreiller, ou vendre des marchandises, ou gagner d'une manière ou d'une autre de l'argent pour payer les domestiques qui cuisineront leur nourriture. le dîner de mon mari et allaiter leurs bébés pour eux. Et ils croient qu'ils se montrent ainsi supérieurs à leur esprit et demandent crédit pour un acte qui devrait les couvrir de honte. Car les actions sont plus éloquentes que les mots, et que disent de telles actions ? En premier lieu, il affirme que tout étranger, même une jeune paysanne sans instruction embauchée pour quelques dollars par mois, est capable d'accomplir les fonctions de maîtresse de maison et de mère. En second lieu, elle substitue une pauvre ambition à l'amour, et le service des mains au service du cœur. En troisième lieu, c'est un abaissement visible des devoirs les plus élevés de la femme au profit du service le moins bien payé. Une épouse et une mère ne peuvent ainsi absoudre leur propre âme ; elle déshonore simplement et dénigre son œuvre la plus sainte.

Supposons même que le ménage soit pénible et monotone, il ne l'est pas plus que le travail des hommes en ville. La première leçon qu'un homme d'affaires doit apprendre est de faire agréablement ce qu'il n'aime pas faire. Tout travail régulier et utile doit être monotone, mais l'amour doit le rendre facile ; et en tout cas, l'ennui du travail domestique n'est pas plus grand que l'ennui du travail de bureau. Quant au fait que le ménage soit dégradant, c'est la plus absurde des absurdités. La maison est une petite royauté ; et si la ménagère et la mère sont composées d'éléments finement mélangés et d'une éducation élevée, d'autant plus elle accordera de l'importance à la question du mouton froid et considérera la qualité de la soupe et la quantité de chutnee dans le curry comme exigeant son meilleur . attention. Seules les femmes les plus faibles et les plus stupides ne peuvent élever leur travail au niveau de leurs pensées et ainsi les ennoblir toutes deux.

Il existe d'autres types d'épouses mécontentes, que nous ne connaissons que trop bien : par exemple, l'épouse abasourdie et malheureuse parce qu'elle découvre que le mariage n'est pas un pique-nique durable ; qui ne peut pas se rendre compte que le mari doit être différent de l' amant et passe ses journées à pleurnicher impuissantes. Elle est toujours négligée et toujours offensée ; elle a un besoin insatiable d'attentions et a besoin d'assurances continuelles d'affection, perdant son temps et ses sentiments à inventer des scènes d'accusation pathétiques qui finissent par lasser, puis aliéner son mari. Sa propre faute ! Il n'y a rien qu'un homme déteste plus qu'une femme qui sanglote et se plaint de la maison aux yeux rouges ; à moins que ce ne soit une femme avec laquelle il doit vivre dans un perpétuel paradis de perfection.

Il y a aussi des femmes mécontentes qui poussent leurs maris à des dépenses extravagantes et les poussent à des projets devant lesquels ils reculeraient naturellement. Il y en a d'autres, dont les ambitions sociales tuent leurs ambitions domestiques, et qui mettent tous leurs nerfs à rude épreuve, à temps et à contretemps, et perdent tout respect d'eux-mêmes, pour quelques miettes de protection méprisante de la part d'une personne plus riche que la leur. Certaines femmes s'inquiètent si elles n'ont pas d'enfants, d'autres tout autant si des enfants viennent. Dans le premier cas, ils sont déçus ; dans le second, incommodé ; et dans les deux cas, mécontent. Les uns mènent une vie misérable et d'autres, parce qu'ils n'ont pas trois fois plus de domestiques qu'il n'en faut ; un nombre encore plus grand parce qu'ils ne peuvent pas mener une vie d'amusement et d'excitation constants.

Une sorte très désagréable de femme mécontente est l'épouse qui, au lieu d'avoir un Dieu à aimer et à adorer, fait de sa religion un dieu, aliène l'amour au profit d'une idée ecclésiastique, ou néglige sa propre chair et son sang pour subvenir aux besoins religieux de l'homme. monde; oubliant que la bonne épouse garde ses sentiments très près de son cœur et de son foyer. Mais peut-être la majorité des épouses mécontentes n'ont-elles rien de spécial à se plaindre ; ils s'inquiètent parce qu'ils sont « tellement ennuyeux ». S'ils prenaient la peine de chercher la cause de cette « morosité », ils la trouveraient dans l'absence d'un plan de vie défini et d'un but ou d'un objet vigoureux. Bien entendu, tout objectif implique une limitation, mais la limitation implique à la fois la vertu et le plaisir. Sans règle ni loi, même les jeux d'enfants ne pourraient exister, et plus les règles d'un jeu sont strictement respectées, plus grande est la satisfaction . Le devoir de l'épouse est soumis aux mêmes conditions. Si des femmes plaintives et sans but établissaient des lois strictes pour leur foyer et élaboraient un plan vigoureux pour leur propre vie, elles découvriraient que ceux qui aiment et travaillent n'ont pas le temps de se plaindre.

Mais quelle que soit la cause du mécontentement domestique, il rend le foyer plein d'oisiveté, d'ennui et d'imagination vagabonde, ou d'extravagance féroce et d'amour passionné du divertissement. Et comme une épouse tient entre ses mains le bonheur de beaucoup, le mécontentement à l'égard de son destin est particulièrement mauvais. Si cela suscite du ressentiment, elle obtient ce qu'elle mérite ; si elle est supportée tranquillement, sa honte est encore plus grande. Car rien ne fait plus d'honneur à une femme que sa patience ; et rien ne lui fait si peu d'honneur que la patience de son mari. Et si grande que soit sa patience, elle n'échappera pas à un préjudice personnel ; car nul ne doit être innocenté s'il fait du mal même à son âme et à son corps. D'ailleurs, c'est dans l'ordre inflexible des choses que les fautes volontaires sont suivies de douleurs inévitables.

Mais les femmes mariées ne sont pas les seules à se plaindre. Il existe une grande armée de mécontents qui, n'ayant personne pour s'occuper d'eux, réclament , avec justice, leur part du travail et des salaires du monde. Ces femmes ont parfaitement le droit de se frayer un chemin, dans la direction qu'elles peuvent le mieux. Les cerveaux n'ont ni sexe ni condition, et en tout cas, il ne sert à rien de discuter de leurs capacités ou de leurs droits, car la nécessité a mis la question hors de portée de la controverse. Des milliers de femmes doivent désormais choisir entre le travail, la charité ou la famine, car le jeune homme d'aujourd'hui n'est pas un homme qui se marie. Il n'a que de petites passions, et son amour est une préférence si langoureuse qu'il ne peut songer à faire aucun sacrifice pour cela. Les femmes ne se marient donc pas, elles travaillent ; et comme le monde acceptera du bon travail de celui qui le donnera, la coutume du monde leur incombe par une loi naturelle.

Aujourd'hui, les travailleuses sérieuses et pratiques sont bénies et constituent une bénédiction ; mais les mécontents parmi eux, à force de paroles et de peu d'action, font continuellement reculer la cause qu'ils prétendent vouloir faire avancer. Aucune femme n'est , dans l'ensemble, aussi mécontente que les travailleuses. Ils entrent dans l'arène et, enchaînés par de vieilles idées appartenant à une condition différente, ils ne veulent pas se soumettre aux lois de l'arène. Ils veulent à la fois la courtoisie que réclame la faiblesse et l'honneur dû à la prouesse. Ils se plaignent des salaires plus élevés accordés aux hommes, oubliant que le premier article d'un salaire égal est l'égalité de valeur et de travail. Ils ne savent rien de ce que Carlyle appelle « les silences » ; et le bavardage de leurs modestes débuts est, pour le monde occupé, irritant et méprisable. Il ne semble jamais venir à l'esprit des travailleuses mécontentes que le meilleur moyen d'obtenir ce qu'elles veulent est d'agir et non de parler. Une femme silencieuse qui calcule tranquillement ses chances et réussit fait plus pour son sexe que n'importe quelle quantité de pamphlets et de conférences. Car rien n'est plus sûr que le bon travail, qu'il soit celui d'un homme ou d'une femme, trouvera un marché ; et que le mauvais travail sera refusé par tous, sauf par ceux qui sont disposés à donner la charité et à la payer.

Le mécontentement des travailleuses est compréhensible, mais il y a un grand pas entre la femme mécontente de son travail ou de son salaire et la femme mécontente de sa position politique. De tous les plaintifs aigus qui irritent les oreilles des mortels, il n'en est pas de plus sottes que les femmes qui ont découvert que les fondateurs de notre république ont laissé leur œuvre à moitié terminée, et qu'il leur reste à faire la meilleure moitié. Tandis que des femmes plus pratiques et sensées s'efforcent de mettre de l'ordre dans leurs cuisines, leurs crèches et leurs salons et de s'habiller de manière rationnelle, cette classe de mécontentements se mêle des questions nationales et économiques les plus graves. Habités par un mécontentement inquiet à l'égard de la sphère qui leur est assignée et de ses devoirs, et se forçant à se mettre en avant pour ventiler leurs théories et montrer la qualité de leur cerveau, ils réclament le droit de suffrage comme symbole et garantie de tous les autres droits.

C'est là leur point cardinal, même s'il s'ensuit naturellement que le droit d'élire contient le droit d'être élu. Si ce résultat est obtenu, même les femmes dont l'esprit n'est pas préoccupé par les affaires de l'État, mais qui sont simplement des femmes au foyer et des mères, pourront facilement attribuer quelques-uns de ces résultats qui sont particulièrement évidents pour l'intelligence et l'observation féminines. Le premier d'entre eux serait un groupe d'agitateurs entièrement nouveaux, qui utiliseraient des moyens tout à fait étrangers à l'intelligence masculine. Par exemple, chaque prêtre et prédicateur préféré gagnerait énormément en influence et en pouvoir ; car le zèle ecclésiastique qui se dépense maintenant en foires et en témoignages se dépenserait alors à obtenir des votes dans la direction où ils seraient chargés de les obtenir. Cela pourrait même aboutir à l'introduction de l'élément clérical dans notre grande salle du Conseil politique – les évêques de la Chambre des Lords constitueraient un précédent suffisant – et un grand nombre de femmes croiraient réellement que la charmante rhétorique de la chaire infuserait un ton plus élevé dans les assemblées législatives.

Encore une fois, la plupart des femmes seraient favorables à l'aide à n'importe quelle nationalité pittoresque, sans égard à la doctrine Monroe, ni à l'état des finances, ni aux besoins du marché. La plupart des femmes penseraient que c'est une bonne action de sacrifier leur fête pour un ami. La plupart des femmes changeraient de politique si elles considéraient que c'est leur intérêt de le faire, sans une seconde d'hésitation. La plupart des femmes refuseraient l'obligation première sur laquelle reposent tous les droits de vote, c'est-à-dire défendre leur pays par la force des armes, si nécessaire. Et si une majorité de femmes adoptait une loi à laquelle la majorité des hommes se sentaient autorisés à résister par la force physique, que feraient les femmes ? Une telle situation dans l'ordre du suffrage féminin n'est pas invraisemblable, et pourtant si elle se produisait, non seulement une loi, mais *toutes* les lois seraient en danger. Personne ne nie que les femmes ont souffert, et souffrent encore, de graves handicaps politiques et sociaux, mais au cours des cinquante dernières années, beaucoup a été continuellement fait pour leur soulagement, et il ne fait aucun doute que l'avenir donnera tout ce qu'il peut être raisonnablement souhaité. Le Temps et la Justice sont amis, même s'il existe de nombreux moments qui s'opposent à la Justice. Mais toutes ces innovations devraient imiter le Temps, qui ne déchire pas, mais se détache et s'use lentement. Le développement, la croissance, l'achèvement sont le progrès naturel et le meilleur. Nous ne progressons pas en franchissant des précipices, ni ne remodelons et améliorons nos maisons en creusant sous les fondations.

Enfin, les femmes ne peuvent pas se mettre en retrait ou au-delà de leur nature, et leur nature est de substituer le sentiment à la raison, caractéristique douce et non désagréable des mœurs et des lieux féminins ; Pourtant, la raison, dans l'ensemble, est considérée comme une nécessité souhaitable en politique. À la Foire de Chicago et lors d'autres convocations, il a été prouvé que les femmes les plus fortes d'esprit, bien que familières avec les programmes et profondément ancrées dans la « sombre science » de l'économie politique, lorsqu'il s'agissait de débattre, n'étaient pas plus philosophiques que les la femme au foyer la plus simple. Les larmes et l'hystérie leur venaient aussi naturellement que si le monde entier bougeait uniquement par impulsion ; Pourtant, une réunion publique dans laquelle l'émotion et les larmes l'emporteraient sur la raison et l'argumentation n'inspirerait en aucun cas ni confiance ni respect. Les femmes peuvent cesser d'être des femmes, mais elles ne pourront jamais apprendre à être des hommes, et la douceur et la grâce féminines ne pourront jamais faire l'œuvre des vertus viriles des hommes. Fort heureusement, cette classe de femmes mécontentes n'a pas encore pu mettre en danger les conditions existantes par des combinaisons analogues aux syndicats ; et il est peu probable qu'ils le fassent un jour ; car il est douteux que les femmes, quelles que soient les circonstances, puissent s'unir. Certaines qualités sont nécessaires à la combinaison, et ces qualités sont représentées chez la femme par leurs opposés.

Si l'on considère individuellement les femmes mécontentes de toutes sortes, il est évident qu'elles doivent être des femmes ennuyeuses. Ils ne voient que le côté ennuyeux des choses et tombent naturellement dans une manière monotone de s'exprimer. Ils ont aussi l'habitude de se plaindre, habitude qui ne stimule que l'intellect inférieur. Où existe-t-il une créature plus mécontente qu'un bon chien de garde ? Il est toujours à la recherche d'une quelconque atteinte à ses droits ; et un pas qui approche ou un aboiement lointain le pousse dans une fureur de protestation. Les femmes mécontentes sont toujours des égoïstes ; ils voient tout par rapport à eux-mêmes et ont donc les sympathies défectueuses qui appartiennent aux organisations basses. Ils ne gagnent jamais confiance, car leur mécontentement engendre la méfiance et le doute, et aussi intelligents soient-ils naturellement, un moi envahissant, avec son cortège de goûts et de dégoûts , obscurcit leur jugement et ils ont une vision fausse des gens et des choses. Pour cette raison, c'est presque un effort désespéré que de leur montrer à quel point les gens se soucient généralement peu de leurs griefs ; car ils ont tellement pensé à eux-mêmes qu'ils ne peuvent concevoir aucun autre sujet intéressant le reste du monde. On peut même admettre que les femmes mécontentes sur les sujets publics sont souvent des femmes d'une grande intelligence, des femmes intelligentes et pleines d'intelligence. Est-ce que c'est le meilleur ? Qui n'aime pas bien plus que la simple intelligence, cette douceur de caractère, cette disposition ensoleillée et heureuse qui parcourt le monde avec un sourire et une parole gentille pour chacun ? C'est l'un des dons les plus riches du ciel ; c'est, selon Mgr Wilson, « les neuf dixièmes du christianisme ».

Heureusement, la grande majorité des femmes sont restées fidèles à leur sexe et à leur vocation. Dans chaque communauté, les constructeurs et les gardiens des maisons constituent le pouvoir dominant ; et ces restrictions ne peuvent s'appliquer qu'à deux classes : premièrement, les femmes mariées qui négligent leur mari, leurs enfants et leur foyer, pour l' *éclat insensé* du club et de la tribune, ou pour toute obligation assumée, sociale, intellectuelle ou politique, qui entre en conflit avec la société. avec leurs devoirs domestiques : deuxièmement, les femmes célibataires qui, ayant des foyers confortables et des protecteurs aimants, sont mécontentes de leur heureuse sécurité isolée et se précipitent vers un art faible, ou une littérature faible, ou un chant et un théâtre douteux, parce que leur vanité et leur immoralité agitée les conduisent sur le marché ou sur scène. Aucune de ces femmes n'a été chassée par un génie incontestable. Tout travail qu'ils ont accompli aurait été mieux fait par une femme expérimentée et sans protection, déjà présente dans les champs qu'ils ont envahis. Et l'indifférence de cette classe à l'égard de la valeur monétaire de leur travail a rendu difficile pour les femmes qui travaillent, car elles doivent travailler ou mourir de faim, d'obtenir un juste prix pour leur travail. C'est la plus pure effronterie de la part de cette classe de riches mécontents que d'affecter de la sympathie pour le Progrès de la Femme. Rien ne peut excuser leur intrusion sur le marché du travail si ce n'est le génie incontesté et la superexcellence du travail ; et cela n'a encore été démontré dans aucun cas.

La seule excuse irréfutable pour l'entrée des femmes dans la vie publique active, quelle qu'elle soit, est *le besoin* , et, hélas, le besoin augmente chaque jour, à mesure que le mariage devient de plus en plus rare et que de plus en plus de femmes sont laissées à la dérive dans le monde, sans aide ni protection. Mais c'est un sujet trop vaste pour être abordé ici, bien qu'au début il soit né de femmes mécontentes, préférant le travail et les devoirs des hommes à leur propre travail et devoirs. Ont-elles trouvé la bataille de la vie plus ennoblissante dans les professions masculines que dans leurs anciennes habitudes féminines au foyer ? Le travail accompli dans le monde pour des étrangers est-il moins ennuyeux et monotone que le travail accompli à la maison pour le père et la mère, le mari et les enfants ? S'ils répondent vrai, ils répondront : « Les tâches ménagères étaient les plus faciles, les plus sûres et les plus heureuses. »

Bien sûr, toutes les femmes mécontentes seront indignées par toute critique de leur conduite. Ils s'attendent à ce que chacun réfléchisse à ses sentiments sans examiner ses motivations. Pagayant dans le tourbillon trouble de la vie et se mêlant à la politique et aux questions sociales les plus désagréables, ils pensent toujours que les hommes, au moins, devraient les considérer comme le Sexe Sacré. Mais les femmes ne sont pas sacrées par la grâce du sexe, si elles abdiquent volontairement ses limites et ses pudeurs, et affichent publiquement des sensibilités non sexées et une familiarité sans vergogne avec des sujets avec lesquels elles n'ont rien à voir. Si les hommes critiquent ces femmes avec aspérité, il n'y a pas lieu de s'étonner ; ils ont si longtemps idéalisé les femmes qu'ils ont du mal à parler avec modération. Ils les excusent trop, ou bien ils sont trop indignés de leurs folies, injustes et colériques dans leurs dénonciations. Les femmes doivent être critiquées par les femmes ; alors ils entendront la vérité pure et sans compromis, et s'en porteront mieux.

En conclusion, il faut admettre qu'une partie du mécontentement moderne des femmes doit être attribuée à une influence inconsciente. Il existe à chaque époque une sorte d'atmosphère que nous appelons « l'air du temps » et qui, tant qu'elle dure, trompe sur l'importance et la vérité des opinions dominantes. Beaucoup de femmes ont sans doute ainsi attrapé la fièvre du mécontentement par un simple contact, mais il suffit qu'elles réfléchissent un peu et découvrent que, dans l'ensemble, elles ont réussi dans la vie aussi bien qu'elles sont en droit de l'espérer. Alors ceux qui sont mariés trouveront le mariage, les soins et l' amour de celui-ci, tout à fait capables de satisfaire tous leurs désirs ; et ceux qui ont réellement besoin de travailler comprendront que le grand secret du contentement réside dans l'acceptation inconsciente de la vie et l'accomplissement de ses devoirs, un bonheur sérieux et universel, mais plein de réconfort et d'aide. Ainsi, elles cesseront de s'écarter de la race bienveillante des femmes et, à travers les portes de l'Amour, de l'Espérance et du Travail, rejoindront cette multitude heureuse qui n'a jamais découvert que la vie est une chose dont on peut être mécontent.

Femmes à cheval

CHAQUE femme devrait savoir monter à cheval. C'est l'exercice le plus sain ; et dans une vie de vicissitudes, elle trouvera peut-être un jour que c'est le seul moyen de voyager, peut-être le seul moyen de sauver sa vie.

Le premier élément pour apprécier l'exercice du cheval est une bonne équitation. Une bonne conduite est une affaire d'habileté, un ensemble de bagatelles qui, si elles sont parfaitement maîtrisées, permettent au cavalier de se sentir parfaitement en sécurité.

Un homme ou un garçon peut apprendre à monter à cheval par la pratique ; c'est-à-dire qu'il peut dégringoler jusqu'à ce que l'expérience lui donne non seulement de la confiance, mais aussi de la sécurité et même de l'élégance. Il n'en est pas de même avec une femme. Son siège est artificiel ; il faut lui apprendre à le garder ; car même si elle a un père ou un frère qui a de « bonnes mains » et qui peut lui montrer comment manier les rênes et accommoder la bouche de son cheval, il ne peut pas lui apprendre à s'asseoir sur sa selle parce qu'il ne peut pas s'y asseoir lui-même.

Le cheval que monte une dame doit être à la hauteur de son poids, bien dressé et docile, car une femme à cheval n'a guère pour l'aider que sa main et son fouet. Si le rabat de la selle est large, la pression de la jambe gauche est presque inutile, et les plis de sa robe d'équitation gênent très souvent la discipline de l'éperon.

Le fouet est donc son principal appui, et sa gestion est d'une grande importance. Comme il s'agit en réalité de remplacer la jambe droite et l'éperon d'un homme, il doit être rigide et réel, quoique léger et ornemental. La peau de l'hippopotame est à la fois légère et sévère. Il n'y a pas de difficulté à l'utiliser sur le côté droit du cheval, mais l'utiliser sur le côté proche est une question à la fois d'habileté et de prudence. Rappelez-vous, premièrement, de ne jamais frapper un cheval sur aucune partie de la tête ou du cou ; deuxièmement, s'il est nécessaire de le frapper sur le coup droit, soulevez doucement le fouet en position verticale, puis laissez-le descendre fermement et brusquement le long de l'épaule et revenir instantanément en position verticale ; troisièmement, pour frapper correctement l'arrière-train proche, il faut une assise ferme et gracieuse. Passez doucement la main droite derrière la taille, le plus loin possible, sans déformer le moins du monde la position du corps, et frappez en tenant le fouet entre les deux premiers doigts et le pouce. Cette action doit être effectuée sans perturber ni la position ni l'action de la main de la bride.

Tout comme la tenue d'équitation d'un gentleman ne doit jamais être soignée , celle d'une dame ne doit jamais être rapide ou flashy. Le chapeau doit être bien ajusté à la tête, car les mains sont nécessaires pour les rênes et le fouet, et ne peuvent pas être occupées continuellement à l'ajuster en toute sécurité. Plus c'est simple, plus c'est féminin ; mais si l'on emploie des panaches, ceux du coq, du faisan, du paon ou du héron conviennent le mieux. L'habit, s'il est destiné à un usage réel, peut être doublé d'un pied de cuir. Dans les comtés de chasse anglais, des gilets légers sont parfois portés par temps clair et, en hiver, des sur-vestes en peau de phoque. Il est bon de se rappeler que c'est la poitrine et le dos qui ont besoin d'une double protection, aussi bien pendant qu'après une conduite intense . Les jupes gênent sérieusement. La sous-robe douillette de flanelle et les pantalons du même tissu que l'habit suffisent. Les bottes légères et hautes sont d'un grand confort pour parcourir de longues distances, et les guêtres en tissu épais, en velours ou en velours côtelé sont presque tout aussi efficaces.

La selle doit toujours avoir ce qu'on appelle le cor de chasse sur le côté gauche ; pourtant, si commun qu'il soit dans le Nord, je ne l'ai jamais vu sur une selle au Texas pendant dix ans. Le pommeau de droite gêne, et les meilleures selles n'ont désormais plus qu'une saillie plate à sa place. Il empêche le cavalier de mettre la main droite aussi bas qu'un cheval rétif l'exige, et les cavaliers jeunes et timides ont tendance à prendre l'habitude de s'appuyer dessus.

La valeur du pommeau de chasse est très grande. Si le cheval bondit brusquement, il retient le genou gauche et en fait un point d'appui pour maintenir le genou droit à sa place. En descendant des endroits escarpés, il empêche de glisser vers l'avant et aide grandement à gérer un tireur dur. Un cavalier ne peut pas être jeté dessus, et cela rend presque impossible qu'il soit jeté sur l'autre pommeau ; en outre, cela donne à l'habit et à la silhouette une apparence beaucoup plus fine.

Mais il est nécessaire que chaque dame ait ce pommeau aussi soigneusement ajusté à sa personne que l'est son habit. Non seulement voyez la selle en cours, mais *asseyez-vous dessus* . Une selle fortuite peut sembler convenir ; de même, si une chaussure n°4 est portée, une chaussure 4 toute faite peut être portable ; mais comme une chaussure conçue pour s'adapter au pied de celui qui la porte est toujours la meilleure solution, une selle ajustée aux proportions du cavalier l'est également.

Un étrier peut être un avantage, si le pied risque de se fatiguer ; mais depuis l'introduction générale du troisième pommeau , il n'est plus nécessaire à la femme comme à l'homme. Une femme aussi a tendance à en faire un levier pour « se tortiller » sur sa selle, habitude qui est non seulement très disgracieuse, mais qui donne à beaucoup de chevaux des maux de dos, ce qu'un siège ferme et tranquille ne provoque jamais. .

Les rênes ne doivent pas être confiées à un apprenant ; ses premières leçons devraient se faire sur un cheval mené. Les meilleures cavalières d'Angleterre ont appris à marcher, au galop, au galop, au trot et à sauter sans l'aide de rênes. Je ne préconise pas que ce plan soit généralisé, mais je sais que les apprenants sont susceptibles d'acquérir l'habitude de se tenir par la bride.

Lorsque la main est chargée des rênes, tenez-les à deux mains. Une bride et deux mains valent bien mieux que deux brides et une main. La pratique de l'équitation à une main est originaire des écoles militaires ; car un soldat a une épée ou une lance à porter, et les manèges ont généralement été tenus par de vieux soldats. Mais qui tente d'atteler un cheval d'une seule main ? Ne tenez pas les rênes comme si vous aviez peur de les lâcher à nouveau, car cela non seulement donne une main « morte », mais oblige le corps du cavalier à suivre les caprices de la tête du cheval. Légèrement et doucement, « comme s'il s'agissait d'un fil peigné », tenez les rênes ; et depuis le moment où le cheval est en mouvement jusqu'à la fin de la promenade, ne cessez jamais une douce sensation de sympathie sur la bouche. Les femmes obtiennent généralement plus facilement une « bonne main » que les hommes. En premier lieu, c'est en partie naturel et spontané ; dans le second cas, ils ne comptent pas tant sur leur force physique et leur courage. Un homme fier de sa jeunesse a tendance à mépriser cette manipulation.

De nombreux cyclistes disent qu'il est préférable pour une femme d'utiliser uniquement le trottoir ; mais si elle fait cela, toute chance d'apprendre la « main » disparaît. Je lui dis, qu'elle se serve des rênes à deux mains, en les détendant ou en les resserrant selon l'allure qu'elle souhaite et l'empressement du cheval. Si elle y parvient et ne garde jamais « une traction morte », elle est loin d'être une bonne cavalière. Quant au virage, il n'y a pas de meilleure règle que la simple maxime du colonel Greenwood : « Lorsque vous souhaitez tourner à droite, tirez plus fort sur la rêne de droite que sur la gauche » — et vice *versa* .

Toutes les femmes devraient apprendre à galoper avant d'apprendre à trotter. C'est un rythme beaucoup plus facile et cela aide à donner confiance. Pour galoper *avec la patte avant droite en tête* , faire un appui supplémentaire sur la rêne droite, et une forte pression avec la jambe gauche, le talon ou l'éperon ; en même temps, amenez le fouet sur le coup droit le plus proche du cheval. S'il hésite, passez la main derrière la taille et frappez l'arrière-train proche.

Pour galoper *avec la patte avant gauche en tête* , l'appui supplémentaire doit être effectué sur la rêne gauche, en remontant l'auriculaire vers l' épaule droite, et en utilisant le fouet sur l'épaule ou le flanc droit. Ne laissez jamais le cheval choisir quelle patte antérieure doit conduire ; soumets-le à ta volonté et à ta main ; et c'est un bon plan de changer la jambe d'avant au galop. Dans tous les mouvements, n'oubliez pas de garder le bras de la bride près du corps et de ne pas jeter le coude vers l'extérieur. Les mouvements de la main doivent provenir du seul poignet, et les appuis sur la bouche du cheval se font en tournant doucement vers le haut le petit doigt, tout en gardant la main fermement fermée sur les rênes.

Le cheval est invité à trotter en prenant également appui sur les deux rênes et en utilisant doucement le fouet sur le flanc *droit*. Asseyez-vous bien sur la selle, et montez et descendez avec l'action du cheval, en sautant légèrement du cou-de-pied et du genou. Rien n'est plus laid que de s'élever trop haut, et outre son aspect gauche et disgracieux, cela met la situation en danger. Si le cheval se met au galop de lui-même, arrêtez-le aussitôt et recommencez, ou appuyez fortement sur les deux rênes jusqu'à ce qu'il reprenne son trot, ou bien interrompez le galop en appuyant fortement sur la rêne opposée à celle de son meneur . jambe. Commencez toujours à un rythme doux et ne trottez jamais un instant après avoir ressenti de la peur ou de la fatigue.

L'équitation d'une dame n'est jamais complète tant qu'elle n'a pas appris à sauter ; car même si elle n'a pas l'intention d'autre part qu'un galop dans le parc, les chevaux sautent parfois sans permission. Lorsqu'un cheval fait un bond, penchez-vous *bien en avant* et appuyez doucement sur la bouche. Lorsqu'il fait le ressort, frappez le flanc droit (si nécessaire). Pendant qu'il descend, *penchez-vous en arrière* , en appuyant fermement la jambe contre le pommeau de chasse, et en portant fortement la bride sur la bouche. Récupérez le cheval avec le fouet et poussez-le en avant à grande vitesse.

Je vais maintenant dire quelques mots sur la montée et la descente, bien que tout débutant imagine que ce sont les actions les plus faciles. Lors du montage, placez-vous près du cheval, la main droite sur le pommeau du milieu, le fouet dans la main gauche et la main gauche sur l'épaule droite du palefrenier. Ne vous précipitez pas, mais sautez en selle ; asseyez-vous bien et laissez la jambe droite pendre un peu en arrière sur le pommeau , car si le pied sort , la prise n'est pas ferme. Penchez-vous plutôt en arrière qu'en avant, ferme et serré des hanches vers le bas, flexible des hanches vers le haut. Les rênes doivent être écartées un peu au-dessus du niveau du genou. En descendant, retirez d'abord la jambe droite de son pommeau, puis la gauche de l'étrier. Veillez à ce que la robe soit nette de tous les pommeaux, surtout celui de chasse ; laissez les rênes tomber sur l'encolure du cheval, placez la main gauche sur le bras droit du palefrenier, et la main droite sur le pommeau de chasse, et descendez jusqu'à terre sur la pointe des pieds.

J'ai encore un sujet à signaler. C'est ceci : si une femme doit sortir à cheval, peu importe qui est son chaperon, que ce soit dans le parc ou sur le terrain de chasse, elle doit savoir prendre soin d'elle- *même* ; non pas avec une indépendance envahissante, mais avec cette confiance modeste et sans prétention qui est le résultat d'une parfaite connaissance de tout ce qu'exige la situation.

Un bon mot pour Xanthippe

À titre d'excuses, d'explication et de défense

ON NOUS pardonnera peut-être de juger les vivants selon notre humeur, mais les morts, au moins, nous ne devrions juger qu'avec notre raison. Devenus éternels, nous devons nous efforcer de les mesurer avec la règle éternelle de la justice. Si nous faisions cela, combien de personnages possédant désormais une immortalité du mal obtiendraient un verdict plus favorable. Pendant vingt-trois siècles, Xanthippe a été considérée comme le type de tout ce qui est désagréable dans la féminité et le mariage. Nous oublions toutes les autres matrones grecques de l'époque de Périclès, pour nous souvenir avec mépris de cette pauvre épouse. Pourtant, si nous accordions la moitié de l'examen minutieux à une analyse précise de sa position qui est donnée à d'autres textes d'écrivains classiques, nous pourrions la trouver digne de notre sympathie plus que de notre mépris.

Dans les « Souvenirs » de Xénophon (II.2), Socrate est représenté comme faisant remarquer à son fils aîné, Lamproclès , le devoir de prêter une attention respectueuse à une mère qui l'aimait bien mieux que toute autre, et il l'appelle un « misérable » qui devrait le négliger. En effet, le tableau qu'il dresse de la relation maternelle est l'une des plus belles choses de la littérature ancienne. Socrate aurait-il exhorté au respect et à l'obéissance envers une mère qui n'en était pas digne ? Lamproclès aurait- il reçu la flagellation et les réprimandes paternelles avec autant de douceur que s'il n'avait pas été conscient de son erreur ? Et s'il y avait eu quelque chose d'incongru chez Socrate exigeant le respect et l'obéissance de Xanthippe Lamprocle , Xénophon ne l'aurait-il pas remarqué ? Mais ce n'est pas aux philosophes et aux pères que nous faisons appel pour Xanthippe ; les mères et les femmes au foyer doivent la juger. Lorsqu'elle épousa Socrate, il était sculpteur et, à ce qu'on dit, un très beau sculpteur, peut-être pas un Phidias, mais un homme qui faisait du bon travail, utile et rémunérateur. Il avait une maison à Athènes, et les gens payaient un loyer et allaient au marché comme aujourd'hui ; et il avait une femme et une famille qu'il devait évidemment soutenir. Sans doute Xanthippe était une bonne ménagère, — les femmes au caractère vif ont ordinairement cette compensation, — mais qui peut tenir aimablement la maison pour rien ? M. Grote nous dit que Socrate a renoncé à sa profession rémunérée et s'est consacré à l'enseignement, « excluant toute autre affaire au détriment de tous les moyens de fortune ».

S'il avait pris de l'argent pour enseigner, peut-être que Xanthippe ne s'y serait pas autant opposé ; mais il ne demanderait ni ne recevrait de récompense. Le fait était probablement que Socrate aimait parler et préférait parler d'affaires. Quoi *qu'on* pense de ses « entretiens », Xanthippe ne les considérait probablement pas comme quelque chose de merveilleux. Seul un jury de femmes dont les maris ont des « missions » et négligent tout pour elles, pourrait équitablement juger Xanthippe sur ce point. Il ne nous sert à rien de dire : « Socrate était un si grand homme, un si divin maître » ; Xanthippe ne le savait pas, et un grand nombre des Athéniens les plus sages et les plus grands n'avaient pas plus de sens qu'elle à cet égard. Aristophane en faisait régulièrement un sport de théâtre. Quelle épouse chrétienne aimerait cela ? Des pièces de théâtre comiques furent écrites sur lui et les gamins sous les portiques le ridiculisèrent. S'il avait été honoré, Xanthippe lui aurait pardonné la pauvreté qu'il s'était imposée ; mais être pauvre et ridiculisé ! Il méritait sans aucun doute une bonne partie des conférences qu'il a reçues.

Alors Xanthippe eut un autre sujet de plainte dans lequel elle sera sûre de la sympathie de toutes les épouses. Socrate ne partageait pas dans toute son amertume la pauvreté à laquelle il condamnait sa famille. Pendant qu'elle mangeait chez elle ses légumes secs et ses olives, il dînait chez les nobles athéniens et buvait du vin aux côtés de la brillante Aspasie ou de la fascinante Théodite .

Nous considérons Socrate, « splendide à travers les ombres du temps », comme un grand professeur de morale ; mais beaucoup d'Athéniens de son époque se moquaient de lui, et très peu l'admiraient. En tout cas, il ne subvenait pas aux besoins de sa maison, et même un célibataire comme saint Paul le condamne sévèrement. Certes, les hommes d'Athènes n'admiraient pas Socrate, et probablement les femmes de la connaissance de Xanthippe sympathisaient avec elle, ce qui était pour une femme de son tempérament une très grande aggravation. On peut dire que tout cela est une plaidoirie particulière, mais quand on a frappé en vain à la porte de certaines vérités, il faut essayer d'y entrer par la fenêtre.

Les favoris des hommes

ON peut considérer comme une règle que les femmes qui sont préférées des hommes le sont très rarement de leur propre sexe. Partout où les femmes se rassemblent et où d'autres femmes sont en discussion, les préférées des hommes sont nommées avec ce ton de désapprobation et de dédain qui laisse entendre quelque chose d'anormal, d'indésirable dans la position. Si des accusations spécifiques sont portées, la « préférée » sera probablement qualifiée de « petite flirteuse astucieuse », ou elle sera « sournoise » ou « rapide ». Les matrones se demanderont ce que les hommes voient sur son visage ou sa silhouette ; et les jeunes filles déploreront ses manières, ou plutôt son manque de manières ; ou alors, avec miséricorde, ils « espèrent qu'il n'y a rien de vraiment mauvais dans sa liberté et son audace, mais… » et le soupir et le haussement d'épaules nieront l'espoir charitable avec toute l'emphase nécessaire à sa condamnation. Car si une fille est la préférée des hommes de son entourage, elle est naturellement détestée des femmes, puisqu'elle attire à elle bien plus que sa part d'admiration ; et l'admiration des hommes, que les femmes le reconnaissent ou non, est le désir et le plaisir du cœur féminin, tout comme l'amour des femmes est le désir et le plaisir du cœur masculin.

Dans leurs rapports sociaux, deux sortes de femmes plaisent aux hommes : la femme intelligente et insolente, qui dit et fait des choses qu'aucune autre femme n'oserait dire et faire, et qui est donc très amusante ; et la femme sympathique qui les admire et peut-être les aime. Mais ces deux grandes classes ont des variétés larges et indéfinies, et la petite femme brillante avec son audace innocente, et l'ange gracieux au col de cygne, avec ses beaux sentiments et ses compliments doucement prononcés, ne sont que des types d'espèces qui ont des particularités infinies. et les distinctions. Les deux femmes, assises tranquillement dans la même pièce et habillées de la même manière orthodoxe, ne semblent peut-être pas radicalement différentes, mais dès que la conversation et la danse commencent, l'une, d'une manière franche, dit exactement ce qu'elle pense : et charme de la manière la plus franche, tandis que l'autre doit être recherchée dans des coins retirés, tranquille et sage, écoutant avec une adoration pensive l'intelligence de son compagnon et flirtant de cette manière insidieuse qui fait brûler d'indignation les joues des autres femmes.

Un idéal absolument féminin à des fins de flirt ou d'amitié platonique – si une telle émotion existe – n'est pas envisageable ; car l'homme est lui-même si diversifié que la femme qui est parfaite aux yeux de l'un serait inintéressante aux yeux des autres. Il est cependant très certain que les femmes avec lesquelles les hommes flirtent ne sont pas celles que les hommes épousent. Leurs favoris sociaux ne sont pas les favoris matrimoniaux, et ce n'est donc pas une bonne chose pour une colonie de filles qu'elle ait la réputation d'être la « préférée des hommes ». C'est plutôt une position à éviter, car la fille la plus brillante ou la plus douce avec ce caractère passera probablement ses meilleures années à charmer tout le monde sans pouvoir fixer un amant à ses côtés pour la vie. C'est le secret du grand nombre de femmes simples et mariées que chacun compte parmi ses connaissances.

La position de favori n'est pas facile. Elle doit cultiver de nombreuses qualités qui devraient être mieux utilisées et lui apporter des résultats plus satisfaisants. Elle doit avoir suffisamment de discernement pour valoriser le flirt à sa juste valeur ; car si elle confond l'amour avec l'amour et prend tout *au grand sérieux* , sa réputation de favorite sûre serait sérieusement compromise. Dans ses flirts, elle ne doit jamais se permettre de montrer si elle est frappée ou non. Elle ne doit jamais permettre qu'un idiot ait l'occasion de se vanter. Elle doit éviter toute circonstance qui donnerait à une rivale féminine l'occasion de se moquer. Elle doit être capable de donner et de recevoir joyeusement, de cacher toute blessure et tout affront social et d'être sourde à tout ce qui est désagréable. Bref, elle doit être armée en tout point, et ne jamais déposer les armes, et ne jamais perdre la garde. Il s'agit donc d'un poste dont les exigences, si elles se traduisent par une vie professionnelle active, emploieraient les plus grandes ressources d'un homme fertile et énergique.

Et quels sont les résultats généraux de talents si variés et si industrieusement employés ? Comme d'habitude, la préférée des hommes danse et flirte, passant d'une enfance brillante à une *femme passée agitée et négligée* . Entre-temps, elle a eu la mortification de voir les filles ordinaires qu'elle méprisait devenir des épouses et des mères honorées, et peut-être des leaders dans cet ensemble du monde social dont elle fait toujours partie des membres de la base du célibat. Ses déceptions, bien qu'elle les ait soigneusement dissimulées, se reflètent sur son physique. Elle voit le déclin de son pouvoir et l'approche de cet hiver de mécontentement que les occasions gâchées ne manqueront pas d'apporter.

Poussée par un sentiment de hâte par quelque malheureux affront, elle épouse peut-être à contre-courant un homme qui, dix ans auparavant, n'aurait pas osé serrer la boucle de sa chaussure. S'il lui arrive de posséder une volonté ferme et un caractère fort, il essaiera de la tirer brusquement jusqu'à son but, et ce seront des frictions et des représailles sans fin, avec tous leurs conséquences possibles. S'il s'agit d'un vieil amant, faible dans ses intentions, stupide et stupide dans son admiration , alors la vierge flirteuse insensée deviendra probablement une épouse flirteuse insensée ; et une misérable complaisance engendrera son excroissance naturelle de mépris et d'aversion, et aboutira peut-être à quelque délit social flagrant.

Être la favorite des hommes n'est donc pas un honneur souhaitable pour une femme. Ils admireront sa beauté, prendront le soleil dans ses sourires et attraperont un peu de plaisir et de gloire éphémères en sa faveur ; mais ils ne l'épouseront pas. Et la raison, bien que peu évidente pour une fille irréfléchie, est au moins très réelle et puissante. C'est parce qu'une telle fille *ne les touche jamais sous leur meilleur côté* et ne révèle jamais en elle-même cette nature féminine dont un homme sait instinctivement qu'elle est le fondement de la valeur de l'épouse, cette nature qui s'exprime dans le service pour l'amour, comme une nécessité même. de son être.

Au contraire, une « favorite » penche tout d'un côté, et ce côté, c'est elle-même. Elle est autoritaire et exigeante dans les questions d'hommage extérieur les plus insignifiantes. Elle sera servie à genoux, et son service sera dur et ingrat. Et c'est la vérité concernant un tel hommage : les hommes peuvent être contraints de s'agenouiller pendant une courte période devant les caprices d'une femme, mais lorsqu'ils trouvent le courage de se lever, ils s'en vont pour toujours.

De sorte qu'après tout l'estimation des femmes par rapport à celles de leur sexe qui sont les préférées d'un grand nombre d'hommes est très juste. Ce n'est ni injuste ni faux dans l'essentiel, car dans ce monde nous ne pouvons juger les actions que par leurs conséquences ; et les conséquences d'une longue carrière d'admiration générale ne justifient pas une mention honorable de la belle aux nombreuses saisons. Elle peut difficilement échapper aux conséquences de son expérience sociale. Elle doit nécessairement devenir fausse et artificielle. Elle ne peut éviter une jalousie morbide de ses propres droits et une jalousie douloureuse des succès de ceux qui l'ont dépassée dans la carrière matrimoniale.

Elle ne peut pas non plus, à mesure que ces qualités se renforcent, dissimuler leur présence. Chaque attribut de notre nature a son atmosphère distinctive ; il est subtil et invisible comme le parfum d'une plante, mais il se rend distinctement présent, même lorsque nous prenons soin de ne permettre aucune traduction du sentiment en action. En règle générale, les hommes ne sont pas des analyseurs ou des enquêteurs sur le caractère, mais les manières brillantes et les conversations spirituelles de leur favori ne les trompent pas. Tôt ou tard , ils sont sensibles à l'inquiétude, à la déception, à l'envie et à la haine qui se cachent sous les sourires et les étincelles. Ils peuvent mettre leurs connaissances de côté sur le moment, mais lorsqu'ils seront seuls , ils finiront par tout admettre et tout comprendre.

Et le plus triste dans cette situation, c'est qu'ils ne s'étonnent pas du tout de ce que leur cœur leur révèle. Ils savent qu'ils n'attendaient rien de mieux, rien de plus précieux à long terme. Ils se disent franchement que dans cette société de femmes ils n'ont jamais cherché des vertus impérissables ; elle n'était qu'un joli *passe-temps* , une femme propre au rire de la vie, mais non à ses devoirs et à sa discipline les plus nobles.

Car lorsque des hommes honnêtes veulent se marier, ils recherchent une femme pour ce qu'elle *est* et non pour son apparence. Ils veulent une femme douce, d'un honneur irréprochable, qui aime son mari et qui ne rechigne pas à avoir des enfants ni à les élever à genoux ; qui s'occupera de ses tâches ménagères ainsi que du confort et du bien-être de son mari comme si ces choses étaient un onzième commandement. Et de telles femmes, suffisamment justes et cultivées pour rendre heureux n'importe quel foyer, ne sont pas difficiles à trouver. Aussi particulier et individuel qu'un homme puisse être, il y en a très peu dans une génération qui ne peuvent convaincre une bonne femme que leurs particularités sont un génie anormal, ou une sensibilité morale raffinée, ou quelque autre excellence grande et rare.

Par conséquent, avant qu'une jeune fille ne s'engage dans une voie de frivolité et de plaisir du temps, qui lui conférerait une appellation aussi impropre de « préférée » des hommes, qu'elle réfléchisse soigneusement à la fin d'une telle carrière. Car, une fois cette réputation acquise, elle aura bien du mal à s'en débarrasser. Et il est, hélas, très probable que de nombreuses filles se lancent dans cette carrière sans réfléchir, et ce n'est que lorsqu'elles s'y sont mêlées qu'elles découvrent qu'elles ont commis une erreur dans leur vie. Ensuite, ils sont misérables dans les conditions dans lesquelles ils se sont entourés et pourtant ils ont peur de les quitter. Leur popularité leur est odieuse. Ils tendent les mains à leur jeunesse gâchée et leur avenir les effraie. Ils pleurent, car ils pensent qu'il est trop tard pour rattraper leurs erreurs.

Non! Il n'est jamais trop tard pour relever la tête et le cœur ! C'est toujours le bon moment pour redevenir noble, véridique et courageux ! Bref, il existe encore une aide divine pour ceux qui la recherchent ; et dans cette force, tous peuvent faire demi-tour et retrouver le meilleur d'eux-mêmes. Tant que dure la vie, il n'y a pas de moment « trop tard ! » Et oh, quel bien cela fait-il !

Mères de grands et bons hommes

LES FEMMES ont tendance à se plaindre de ce que leur sort est sans influence. Au contraire, leur sort est plein de dignité et d'importance. S'ils ne dirigent pas des armées, s'ils ne sont pas officiers d'État ou orateurs au Congrès, ils façonnent l'âme et l'esprit des hommes qui le font et le sont ; et donnez la touche initiale qui dure toute la vie. La conviction de l'influence de la mère sur le sort de ses enfants est ancienne comme la race elle-même ; l'histoire ancienne regorge d'exemples ; et même les destinées des dieux sont représentées comme étant en son pouvoir. Ce sont les mères de la Rome antique qui ont fait la grandeur de la Rome antique ; ce sont les mères spartiates qui ont fait les héros spartiates. Ces fils sont sortis conquérants dont les mères les ont armés du commandement : « Avec ton bouclier, ou dessus, mon fils !

Le pouvoir de la mère dans la formation du caractère de l'enfant dépasse tout calcul. Peut-on séparer le nom de Monica de celui de son fils Augustine ? Jamais désespérée, même lorsque son fils était plongé dans la débauche, observant, suppliant, priant avec de telles larmes et une telle ferveur que l'évêque de Carthage s'écria avec admiration : « Va ton chemin ; il est impossible que le fils de ces larmes périsse ! Et elle a vécu pour voir l'enfant de son amour tout ce que son cœur désirait. Il n'y a pas non plus dans toute la littérature de passages plus nobles que ceux que saint Augustin consacre à la mémoire d'un parent que tous les âges ont couronné des plus hautes grâces de la maternité.

L'évêque Hall dit de sa mère : « C'était une femme d'une rare sainteté. » Et c'est d'elle qu'il tira cet esprit dévoué et cette dignité de prière qui lui donnèrent une influence si illimitée dans l'Église à laquelle sa vie était consacrée. Le « divin George Herbert » avait une dette encore plus grande envers sa mère, et le célèbre John Newton se propose comme « un exemple pour encourager les mères à accomplir fidèlement leur devoir envers leurs enfants » . Tout le monde connaît l'image qui représente la mère du Dr Doddridge lui enseignant, avant qu'il puisse lire, l'histoire de l'Ancien et du Nouveau Testament sur les carreaux peints du coin de la cheminée. Crowley, Thomson, Campbell, Goethe, Victor Hugo, Schiller et les Schlegel , Canning, Lord Brougham, Curran et des centaines de nos grands hommes peuvent dire avec Pierre Vidal :

« Si quelque chose de bon ou de grâce

Soyez à moi, à elle soit la gloire ;

Elle m'a conduit sur le chemin de la sagesse

Et allume la lumière devant moi.

Il n'y a peut-être jamais eu d'exemple plus merveilleux d'influence maternelle que celui de la mère des Wesley . Pour reprendre ses propres mots, elle prenait soin de ses enfants comme « une personne qui travaille avec Dieu au salut d'une âme ». Elle ne s'est jamais considérée comme dispensée de ces soins, et ses lettres à ses fils lorsqu'ils étaient des hommes sont l'émerveillement de tous ceux qui les lisent. Un autre exemple marquant est celui de Madame Bonaparte à propos de son fils Napoléon. Voici ce qu'il dit d'elle : « Elle ne laissa rien que ce qui était grand et élevé pour prendre racine dans nos âmes . Elle abhorrait le mensonge et ne négligeait aucun de nos défauts. Le rôle important que la mère de Washington a joué dans la formation du caractère de son fils, il suffit de se tourner vers « La Vie de Washington » d'Irving pour le constater. Et ce fut son plus grand honneur et sa plus grande récompense, alors que le monde faisait écho à sa renommée, d'écouter et de répondre calmement : « Il a été un bon fils et il a fait son devoir d'homme. »

John Quincy Adams devait tout à sa mère. Les hymnes du berceau de son enfance étaient des chants de liberté, et dès qu'il pouvait zézayer ses prières , elle lui apprit à réciter les nobles lignes de Collins : « Comment dorment les braves qui s'enfoncent pour se reposer. » On ne peut citer aucun exemple plus récent de l'influence d'une mère dans la formation du caractère que celui de Gerald Massey. Sa mère éveilla en lui sa haine du mal, son amour de la liberté, sa fierté d'une pauvreté honnête et travailleuse ; et Massey, dans ses derniers jours d'honneur et de confort, parlait souvent avec fierté de ces années où sa mère enseignait à ses enfants à vivre dans une honnête indépendance avec un peu moins d'un dollar et demi par semaine. Le cas similaire du président Garfield et de sa mère est trop connu pour qu'il soit nécessaire de le mentionner davantage.

L'influence illimitée de la mère dans la formation du caractère de son enfant ne fait aucun doute. La piété sévère et passionnée de Mme Wesley a fait de ses enfants des saints et des prédicateurs ; l'ambition et la bravoure de Madame Bonaparte ont fait de son fils un soldat, et la belle union de ces qualités a contribué à former le héros aimé de tous les pays, George Washington. Je ne dis pas que les mères puissent donner du génie à leurs fils ; mais toutes les mères peuvent faire pour leurs enfants ce que Monica a fait pour Augustin, ce que Madame Bonaparte a fait pour Napoléon, ce que Mme Washington a fait pour son fils George, ce que la mère de Gerald Massey a fait pour lui, ce que sont des dizaines de milliers de bonnes mères dans le monde entier. faire ce jour-là, façonner patiemment , heure par heure, année après année, cette force cumulative que nous appelons caractère. Et si les mères accomplissent honnêtement ce devoir, que leurs fils soient des citoyens privés ou des hommes publics, elles « se lèveront et les diront bienheureux ».

Travail domestique pour les femmes

POUR cette classe de femmes qui ne travaillent pas, ne filent pas, et qui, comme des corbeaux contents, sont nourries on ne sait comment ni d'où, il est superflu de parler de service domestique ; car leur entretien consiste à « donner des ordres », et leur commercialisation est représentée par des chariots de commerçants et des livrets de couleur chamois. Pourtant, je suis loin d'en déduire que, parce qu'ils peuvent se permettre financièrement de rester inactifs, ils ont le droit de l'être. Ils doivent sûrement au monde un don gratuit de travail, sinon il serait difficile de comprendre pourquoi ils y sont venus. Pas pour les ornements certainement, puisque le marbre de Paros et la toile peinte seraient à la fois plus économiques et plus satisfaisants ; pas pour les femmes au foyer, car leurs maisons sont entre les mains de domestiques ; pas pour les mères, car elles se plaignent universellement de l'avènement et de la responsabilité des enfants.

Mais pour la grande majorité des femmes, le service domestique devrait être une question morale élevée, en particulier pour celles qui sont les épouses d'hommes qui s'efforcent de maintenir, avec des revenus limités, la réalité et l'apparence d'un foyer prospère ; D'autant plus nécessaire, peut-être, que l'apparence est la condition à laquelle la réalité est possible.

Trop souvent, l'idée fausse selon laquelle l'utilité et l'élégance sont incompatibles, qu'il est « peu convenable » d'être dans leur cuisine ou d'entrer en contact avec le boulanger et le boucher, leur fait renoncer aux plus grands honneurs de la vie de femme. Ou peut-être ont-ils le malheur d'être les enfants de ces parents tendres qui sont autorisés, sans perte de réputation, à éduquer leurs filles pour les ornements de salon dans leur jeunesse, et pourtant ne font rien pour les assurer contre un âge mûr de lutte et de *privations* . et une vieillesse de misère.

À ceux-là, je parlerais franchement – non sans réflexion – non sans connaissance pratique de ce que je dis – non sans le ferme espoir de pouvoir influencer de nombreux cœurs chaleureux et irréfléchis, qui n'ont besoin que d'être une fois conscients d'une responsabilité pour se sentir à l' étroit et accablé jusqu'à ce qu'ils l'assument et l'accomplissent.

Est-il donc juste, gentil ou honorable que le mari soit, jour après jour, lié au volant d'une occupation monotone, et que la femme gaspille les résultats dans la frivolité ou qu'elle les laisse gaspiller dans des activités extravagantes et extravagantes ? mais un ménage insatisfaisant ? Supposons que la magnifique affection du mari le pousse à monnayer sa vie en dollars, afin que sa femme puisse vivre, s'habiller et lui rendre visite selon son idéal, si elle accepte une offrande qui a en elle une si forte odeur de sacrifice humain. ?

Même s'il est nécessaire de maintenir un certain style, il est toujours dans le pouvoir de la femme de rendre raisonnable le service du mari à cette fin. La supervision personnelle de la commercialisation permettra d'économiser vingt pour cent, et j'ai peur de dire combien d'argent pourrait être économisé sur le gaspillage réel en cuisine par le même moyen ; et ce n'est que le début.

Pourtant, l'épargne n'est qu'un élément du service domestique légal de l'épouse ; si son mari veut réussir durablement, elle doit prendre soin de sa digestion. Il peut sembler péjoratif de prétendre que manger a quelque chose à voir avec la pensée, l'entreprise et la vertu. Je ne peux pas aider la situation ; Je sais seulement que cela existe, et qu'elle n'est qu'une pauvre épouse qui l'ignore.

L'époque où les hommes s'en tenaient à leur « rôti et bouilli » aussi fermement qu'à leur credo est, par nécessité, en train de disparaître. La vie fervente que nous menons tous exige une nourriture qui puisse être assimilée avec le moins de préjudice possible ou la moindre dépense possible pour les forces vitales. Les « pensées qui brûlent » ne sont pas une fantaisie poétique ; la planification, les calculs qu'un homme d'affaires effectue pendant la journée brûlent littéralement la matière de la vie consciente. Il est du devoir de l'épouse de raviver les feux de l'intellect et de l'énergie avec du carburant que la vitalité affaiblie peut convertir le plus facilement en éléments nécessaires à la réparation des déchets.

L'idée selon laquelle il est péjoratif pour des cerveaux cultivés et des mains blanches d'examiner le pot de bouillon et la marmite est une idée très erronée. La dame la plus délicate que j'aie jamais connue, épouse d'un marchand qui est un de nos princes, veille personnellement chaque jour à la préparation du dîner de son mari et à sa disposition artistique et appétissante sur la table. Je n'ai pas le moindre doute que les soupes nourrissantes, les viandes délicatement préparées, les desserts délicieux, sont le secret de bien des transactions commerciales lucides, des investissements domestiques qui rendent possibles les fameuses transactions commerciales. Cette relation mystérieuse entre ce que nous *mangeons* et ce que nous *faisons* a été vaguement perçue par le Dr Johnson lorsqu'il a déclaré qu'« un homme qui ne se soucie pas de son dîner ne se soucierait de rien d'autre ».

Cuisine artistique désobligeante ! Eh bien, c'est une science, un art, aussi sûr de suivre un état de civilisation élevé que le sont les beaux-arts. Aucune personne bien sentie ne peut être indifférente à ce qu'elle mange, pas plus qu'à ce qu'elle porte ou à l'environnement de sa maison. Un homme peut être contraint par les circonstances d'avaler du bœuf sanglant à moitié cuit et des boulettes de pâte bouillie, et pourtant cela peut lui être aussi répugnant que de porter un foulard en jarret écarlate, une chaîne de montre en laiton et un velours de coton . manteau. Pourtant, sa femme peut être ignorante ou indifférente ; il est trop occupé par d'autres choses pour « en faire toute une histoire », alors il ferme les yeux, ouvre la bouche et prend ce que son cuisinier veut lui envoyer. Je n'aime pas manquer de charité, mais d'une manière ou d'une autre, je ne peux m'empêcher de penser qu'une femme qui permet ce genre de choses est indigne de son alliance.

Laissez-la prendre dans sa main un volume de « Domestic Chemistry » de FW Johnston et descendre dans sa cuisine. Elle se trouvera dans une région de romance bien plus élevée que celle dans laquelle Miss Braddon peut l'emmener. Elle apprendra qu'il est de son ressort de renouveler son mari physiquement et mentalement en déposant adroitement le bon type de nutriment sur le corps intérieur et invisible. Les merveilles de la science remplaceront alors, pour elle, les merveilles du roman. Nourrir le feu sacré de la vie deviendra une noble fonction ; elle considérera comme honorable, à sa place, de faire une fine soupe ou une délicate Charlotte Russe comme de jouer une sonate de Beethoven ou de lire un classique allemand.

En vérité, je pense que c'est presque un péché pour une femme de ménage, avec tous ses sens, d'ignorer les lois de la chimie qui affectent les aliments. Pourtant le sujet est si vaste et si compliqué que je ne peux qu'en indiquer l'importance ; mais je suis sûr que les femmes affectueuses et intelligentes qui peuvent maintenant pour la première fois accepter cette pensée suivront mes indications jusqu'à toutes leurs multiples conclusions. L'une de ces conclusions est si importante que je ne peux éviter d'y attirer une attention particulière : l'effet moral d'une bonne alimentation.

Ne doutez pas que, tout au long de la vie, les choses élevées dépendent des choses inférieures ; et à cet égard, il doit être évident pour toute femme observatrice que la nourriture est souvent le *nerf* de nos plus hautes affections sociales. Il existe un trouble domestique aigu que le Dr Marshall Hall appelait « la maladie du caractère ». Ai-je besoin de faire remarquer aux épouses la merveilleuse sympathie qui existe entre cette maladie et la table ? Ne savent-ils pas qu'un petit-déjeuner agité, tardif et mal préparé a le pouvoir de retirer toute l'énergie d'un homme sensible et organisé et de faire de sa journée entière un échec inconfortable ?

Au contraire, une chambre gaie, un torchon enneigé, un café « à l'arôme dedans », du pain dont la croûte ambrée et la mie légère et blanche sont un tableau, bref, un premier repas bien garni, calme et confortable, a du influence subtile de la force et de l'inspiration pour le travail. J'ai vu des hommes se lever de telles tables *joyeux*, pleins d'une telle gratitude et d'un tel espoir que je peux bien croire qu'ils ne pouvaient s'exprimer que dans cette élévation silencieuse du cœur vers Dieu qui est, après tout, notre prière la plus pure.

Puis, quand le soir il revient fatigué, faible et affamé, une belle sonate ou un tableau exquis ne le réconforteront pas beaucoup. Je doute même qu'un service religieux puisse avantageusement remplacer son dîner ; car nous *savons*, si nous le reconnaissons, que les exigences importunes de la chair crient effectivement à la petite voix douce de la dévotion. Mais comme nous nous sentons différents après avoir mangé ; alors nous sommes disposés à quelque chose de plus élevé, l'esprit est élevé aux pensées gracieuses, le cerveau donne des conseils raisonnables, le cœur des réponses généreuses. Et je parle avec tout le respect lorsque je dis que bon nombre de nos heures les plus sombres dans les choses spirituelles ne doivent pas être attribuées à un Dieu en colère ou à un Sauveur caché, mais à la satiété physique ou à l'inanition. Mais si ces corps merveilleusement façonnés sont le « temple du Saint-Esprit », comment pouvons-nous espérer le réconfort de Dieu dans un sanctuaire en désordre ou mal entretenu ?

donc au pouvoir de la ménagère de faire du travail de la cuisine un sacrifice de joie, et des offices de table un moyen de grâce. Il est certain qu'elle décidera si son mari doit ou non réussir commercialement ; car si un homme veut être riche, il doit demander la permission à sa femme de l'être. Et s'il veut être physiquement sain, mentalement clair, moralement doux, elle doit veiller à ce que son foyer fournisse la nourriture et les stimuli appropriés dont dépendent ces conditions. Elle ne se trompera pas non plus si elle prend comme règle générale, à la base ou en relation étroite avec toutes, la plaisante maxime hyperbolique de Sydney Smith : « La soupe et le poisson expliquent la moitié des émotions de la vie ».

Nous supposerons que la femme au foyer est aussi la mère de famille et qu'elle ne se contente pas de remarquer apathiquement que « ses enfants sont hors de son contrôle », et ainsi de les envoyer dans des crèches et des pensionnats ; mais qu'elle s'efforce réellement d'encourager toutes les vertus, d'extraire tous les pouvoirs latents et de rendre les garçons et les filles dignes du grand avenir dont ils sont les héritiers. Qui dira maintenant que la sphère domestique de la femme est étroite ou indigne de ses plus hauts pouvoirs ? Car si elle accepte honnêtement et solennellement toutes ses responsabilités, elle occupe une position que seules de bonnes femmes ou des anges pourraient occuper.

Il n'est pas non plus nécessaire que les tâches ménagères l'empêchent de tout service, sauf celui de sa propre maison. Dans ces tâches mêmes, elle trouvera peut-être un moyen d'aider ses sœurs les plus pauvres bien plus efficace que bien d'autres promesses plus prétentieuses. Lorsqu'elle sera devenue une cuisinière scientifique et artistique, qu'elle permette à une jeune fille ignorante mais brillante et ambitieuse de passer quelques heures par jour à ses côtés et d'apprendre par précepte et par l'exemple les règles et méthodes les plus élevées de l'art culinaire. Les filles ainsi instruites seraient de véritables bénédictions pour ceux qui les engageaient et commenceraient elles-mêmes leur vie avec un gain réel et solide, capables à la fois d'exiger un service respectable et des salaires élevés.

Je suis tout à fait conscient qu'une philanthrope aussi pratique recevrait de nombreux retours disgracieux, et de nombreuses affirmations insinuantes selon lesquelles sa charité était une tentative insidieuse de trouver du travail « pour rien ». Mais une bonne femme ne se laisserait pas décourager par cela ; elle n'a eu qu'une petite expérience de la vie qui n'a pas appris que ce sont souvent nos actions les meilleures et les plus désintéressées qui sont suspectées, simplement parce que leur désintéressement même les rend inintelligibles ; et si nous ne respectons pas ce que nous ne pouvons pas comprendre, nous le soupçonnons.

Cela peut sembler une petite chose à faire pour le doux amour de la charité, mais qui mesurera les résultats ? Supposons qu'au cours d'une année, quatre jeunes filles acquièrent une connaissance pratique de l'art culinaire, jusqu'où ira finalement l'influence de ces quatre-là ? La plus grande partie de toutes nos bonnes actions nous est cachée , avec sagesse, sinon nous serions trop élevés. Nous n'avons rien à voir avec les résultats globaux, et je crois que la femme qui subvient intelligemment aux besoins de son foyer, le rend joyeux et reposant, et trouve le cœur et l'espace pour aider une autre femme à une vie plus élevée, a la plus noble des « missions », » la plus grande des « sphères » et la plus bénie parmi les femmes.

Celle qui ajoute aux devoirs du ménage les devoirs maternels remplit aussi la plus haute fonction nationale, puisque ce n'est pas certes les lois de la république, mais le sort de la république qui sont confiés à ses mains ; car les enfants d' *aujourd'hui* sont la société de *demain* , et ses hommes d'action ne seront que des instruments inconscients de l'amour patient et de la pensée priante des mères qui les ont instruits. Et pourtant, que les femmes qui sont dispensées de cette fonction soient reconnaissantes de leur indulgence. Hélas! combien d'épaules sans force ont demandé de lourds fardeaux.

Travail professionnel pour les femmes

"TRAVAIL! TOUT TRAVAIL EST NOBLE ET SAINT !

QUE l'homme doit pourvoir et que la femme dispense sont les conditions radicales du service domestique ; des conditions qui, je crois, sont hautement favorables au développement du type le plus élevé de féminité. Mais en même temps , ils sont loin d'embrasser toutes les femmes capables d'un développement élevé, et ils ne conviennent peut-être pas non plus à toutes les phases du caractère de cette créature aux myriades d'esprits qu'est la femme.

Car, de même qu'un arbre atteint sa beauté la plus parfaite en le protégeant, et qu'un autre atteint ses racines les plus profondes et élève les branches les plus vertes grâce à des luttes indépendantes, de même certaines femmes atteignent leur plus haut développement grâce aux tâches domestiques, tandis que d'autres tiennent leur vie plus droite. par le biais du service public et des responsabilités imposées.

Il a cependant fallu au monde près de 6 000 ans pour comprendre que ces dernières âmes ne doivent pas se voir refuser leur arène propre, que les cerveaux n'ont pas de sexe et qu'il est bon que le monde fasse son travail indépendamment de tout. mais la *capacité* des travailleurs. Mais il a désormais accepté la doctrine selon laquelle les femmes qui doivent travailler si elles veulent vivre honnêtement et de manière indépendante n'ont plus besoin de le faire sous la souffrance ou la suspicion. Partout où ils peuvent le mieux se frayer un chemin, la route est ouverte et ils sont encouragés à le faire ; je ne connais pas non plus de restriction sérieuse qui leur soit imposée, sauf une, dont la vraie bonté réside dans son apparente sévérité, à savoir que la débutante doit justifier son travail par le succès qu'elle y réussit. J'appelle cela genre, parce que la faveur et la tolérance sont ici méchantes ; puisque celle qui se tient pour une raison autre que la condition physique absolue tombera tôt ou tard sous le coup d'une loi inévitable.

La grande malédiction des femmes, instruites et pourtant dépourvues de moyens, n'est pas qu'elles soient obligées de travailler, mais que, obligées de travailler, elles ne trouvent pas le travail à accomplir. Ce n'est généralement pas non plus leur faute ; ils ont probablement été mal éduqués dans la vieille idée selon laquelle le mariage est le seul salut social par lequel la femme peut être sauvée ; et personne ne les ayant épousés, que doivent faire ces pécheurs sociaux obligatoires ?

Un grand nombre se tournent *instinctivement* vers la littérature pour trouver aide et réconfort ; et leur instinct, à bien des égards, n'est pas en faute ; car la littérature est une des rares professions qui, dès le début, ait traité les femmes avec bienveillance et honneur. Ici, la course est équitable ; si la plume féminine est la plus rapide, elle gagne.

Mais l'écriture *ne* vient pas par nature ; c'est un art à poursuivre sérieusement et assidûment. Ma propre réflexion et mon expérience me portent à croire qu'au cours des trente dernières années, ses méthodes ont radicalement changé. Cet état d'inspiration et d'excitation mentale, autrefois considéré comme l'air naturel du génie, a perdu beaucoup de son importance ; et les gens écrivent aujourd'hui ordinairement en exerçant leur raison et leur réflexion, et en cultivant continuellement et fidèlement les pouvoirs naturels dont ils sont dotés. Dans l'ensemble, c'est une marque de progrès rationnel et ouvre le champ à toute femme réfléchie, cultivée et désireuse d'étudier assidûment. Sans sous-estimer l'esprit d'inspiration, je crois néanmoins honnêtement que, pour gagner du temps, la raison et l'étude sont les aides les plus efficaces, et les heures consacrées à la culture personnelle en acquérant des informations ne sont qu'une somme de « fonds de commerce » acquis.

Les motivations qui poussent à écrire ont, elles aussi, ou bien changé avec la méthode, ou bien les écrivains sont devenus plus honnêtes, à mesure qu'ils sont devenus plus raisonnables. Je me souviens de l'époque où chaque auteur s'imaginait influencé par quelque considération étrangère, comme le désir de faire le bien, ou d'instruire, ou du moins parce qu'il avait quelque chose à dire qui le contraignait à écrire. Mais les gens vendent désormais leur savoir comme ils vendent n'importe quel autre produit ; les meilleurs et les plus grands hommes écrivent simplement pour l'argent, et aucune femme n'a besoin d'éprouver de scrupules de conscience, car ses propres soucis pressants effacent parfois tout le sens de sa responsabilité. Dieu ne travaille pas seul avec des hommes et des femmes modèles. Il nous prend tels que nous sommes ; et je *sais* que la flèche égarée tirée de l'arc lorsque la main était fatiguée et l'esprit arrêté a souvent frappé plus près du but que celles tirées avec une exactitude scrupuleuse et lancées avec une visée prudente.

Outre l'écriture, il existe d'autres métiers littéraires spécialement adaptés aux femmes, tels que rédacteurs d'index, amanuenses et correcteurs d'épreuves. Les premiers ont besoin d'esprit clair et d'une grande patience, mais la rémunération est très bonne. Une amanuensis doit avoir une main rapide, une bonne éducation et un esprit si vif et sympathique qu'elle lui permettra de s'adapter facilement aux humeurs de l'auteur et de suivre dans une certaine mesure le fil de ses pensées. La relecture présuppose une culture générale élevée, une connaissance suffisante du français, du latin, etc., pour lire et corriger des citations, et une connaissance intime de la littérature générale, ainsi que de la grammaire, de l'orthographe et de la ponctuation. Mais bien qu'il s'agisse d'un poste à responsabilité, les femmes, tant du point de vue de leurs aptitudes physiques que mentales, l'occupent mieux que les hommes. Ils ont la faculté de détecter immédiatement les erreurs, souvent sans savoir pourquoi ni comment, et sont à la fois plus patients et plus experts. Les rédacteurs de l' *Union Chrétienne* me soutiennent pratiquement dans cette opinion, et la typographie soigneusement correcte du journal en est une preuve du plus haut niveau. Les conditions de ces trois emplois étant présentes, les simples détails techniques de chacun sont des plus simples et très faciles à acquérir.

« Un champ équitable et sans faveur » a également été accordé gratuitement aux femmes dans tous les départements de la musique et des arts. Mais dans ses branches les plus élevées, l'opinion publique est inexorable jusqu'à la médiocrité ; et le succès dépend absolument de grandes capacités naturelles, soigneusement et hautement cultivées. Mais il existe de nombreuses branches inférieures dans lesquelles les femmes de capacité moyenne, correctement instruites, peuvent gagner leur vie honorablement et avec profit. Comme par exemple graver sur du bois et de l'acier, ciseler de l'or et de l'argent, tailler des pierres précieuses et des camées, et concevoir à toutes ces fins.

Rares sont les femmes (et les hommes aussi) qui gagnent bien leur vie en créant des costumes pour les grandes maisons de mercerie et les modistes à la mode ; mais le bon dessinateur est un créateur, et cette faculté a toujours été jusqu'ici réservée à un petit nombre d'hommes et de femmes . La capacité de dessiner ne le prouve nullement ; ce n'est que l' outil, le design est la pensée. Par conséquent, les écoles de design, même si elles peuvent fournir des outils aux designers naturels, ne peuvent pas former des designers. Si donc concevoir est un objet pour une femme, elle ne doit pas se tromper ; car si la « faculté divine » n'est pas présente, elle peut consacrer des années à étudier et ne jamais s'élever au-dessus du simple copiste.

Il est généralement admis que l'Antiquité et les « usages et habitudes » généraux confèrent une sorte de droit à n'importe quelle fonction. Si tel est le cas, alors les femmes ont un droit hérité, presque aussi étendu que le monde et contemporain de l'histoire, d' exercer la médecine. Tout le monde les reconnaît comme les médecins naturels de la maison, et, sous tous nos maux ordinaires, c'est vers quelque femme sage de notre famille que nous nous adressons pour conseil ou assistance. Comme le dit Miss Cobbe :

« Qui a jamais songé à demander à son grand-père, ou à son oncle, à son valet de pied ou à son majordome, ce qu'il doit faire contre son rhume, ou avoir la gentillesse de lier son doigt coupé ? Pourtant, les femmes considèrent ces demandes comme tout à fait naturelles et sont très rarement incapables d'y satisfaire.

La médecine en tant que profession féminine a presque gagné du terrain ; et comme il s'agit d'une science qui dépend en grande partie de la connaissance des particularités individuelles, il semblerait que ce soit spécialement leur fonction. Un illustre médecin dit : « Il n'y a pas de maladies, il y a des malades » ; et cette remarque explique pourquoi les femmes – qui déchiffrent instinctivement les caractères mentaux – devraient être d'admirables médecins.

En effet , les femmes médecins ont déjà acquis une position qui leur permet d'exiger de leurs adversaires masculins qu'ils « démontrent pourquoi » elles ne peuvent pas partager tous les honneurs et émoluments de la faculté. Que la profession, en tant que moyen d'emploi pour les femmes, gagne en faveur, cela ressort clairement de leur grande fréquentation des écoles de médecine gratuites pour femmes de cette ville, et il n'y a aucun fait non plus qui indique que leur pratique est moins sûre que celle des hommes ; et si des accidents ont eu lieu, ils étaient sans doute le résultat de l'ignorance et non du sexe.

Theodore Parker était même favorable à la profession juridique pour les femmes, estimant qu'« il doit être un avocat plutôt rare qui pense qu'aucune tête féminine ne peut rivaliser avec lui ». La plupart des avocats sont plutôt des mécaniciens du droit que des avocats ou des érudits en droit ; et dans la partie mécanique, les femmes pouvaient faire aussi bien que les hommes, être d'aussi bons agents de transfert de propriété, suivre les précédents avec autant de soin et copier les formulaires aussi bien. «Je pense», ajoute-t-il, «leur présence améliorerait les manières du tribunal sur le banc, pas moins que celles du barreau.»

Mais même si, si elles sont correctement préparées, il ne semble y avoir aucune raison pour que les femmes ne puissent pas rédiger des testaments, des actes, des hypothèques, des contrats, etc., je doute cependant beaucoup qu'elles aient le contrôle naturel et les aptitudes particulières nécessaires pour un conseiller en droit. Mais personne ne niera la capacité d'une femme à enseigner, même si un grand nombre d'entre elles ont accédé à cette fonction et n'y ont aucun droit ; car la simple capacité ne suffit pas. Les enseignants, comme les artistes, sont des enseignants nés, et le pouvoir de transmettre des connaissances est un don gratuit de la nature.

Ceux donc qui acceptent cette charge sans vocation, juste pour gagner leur vie, se dégradent eux-mêmes et la dégradent. Les devoirs entrepris à contrecœur manquent de l'esprit qui donne de la lumière et de l'intérêt ; les enfants souffrent intelligemment , l'enseignant moralement. Mais si une femme devient enseignante, ayant un appel indubitable, elle est doublement bénie, et le monde peut abandonner le ton compatissant qu'il aime afficher à son égard, ou, s'il est prêt à lui rendre justice, peut lui payer plus et moins la plaindre.

La question du droit d'une femme à prêcher est une question que la conscience plutôt que les croyances ou les opinions doivent trancher. Il faut admettre que son influence naturelle est et a toujours été supérieure à toute autorité déléguée. Elle est née prêtresse de chaque âme qu'elle peut influencer, et la question de son droit de prêcher semble n'être que la question de son droit d'étendre son influence. Dans cette optique, elle a toujours été une prédicatrice ; c'est sa fonction naturelle, dont rien ne peut l'absoudre. Une femme doit influencer en bien ou en mal tous ceux avec qui elle entre en contact ; sans effort direct peut-être, mais simplement parce qu'elle le doit, c'est sa nature et son génie.

Je considère, en toute honnêteté, que les femmes accompliront un jour le travail le plus élevé du monde aussi bien que les hommes, mais je reste indécis. Elle n'a pas eu le temps de se remettre de siècles de non-éducation et de mauvaise éducation : elle commence tout juste à comprendre que ni la beauté ni le tact ne peuvent remplacer l'habileté, et que pour accomplir le travail d'un homme, elle doit s'y préparer comme il faut. un homme se prépare ; mais même si le temps prouve que dans les œuvres créatrices elle ne peut pas atteindre la grandeur masculine de conception et la puissance d'exécution, elle peut être tout aussi excellente à sa manière ; et il y a et il y aura toujours des gens qui préfèrent Mme Browning à Milton, et George Eliot à Lord Bacon.

À première vue, il semble plausible d'affirmer que l'infériorité physique de la femme la rendra toujours inapte à accomplir le travail des hommes. Mais toute excellence physique est une question de cultivation ; et il serait très facile de prouver que les femmes ne sont pas naturellement physiquement plus faibles que les hommes. Dans toutes les nations sauvages, ils accomplissent le travail le plus dur, et M. Livingstone a reconnu que toutes ses idées quant à leur infériorité physique avaient été complètement renversées.

En Chine, ils font le travail des hommes, avec en plus un enfant attaché dans le dos. A Calcutta et à Bombay, ils font le travail de maçons, portent du mortier, et ils sont des milliers dans les cols des montagnes portant sur la tête des paniers de pierre et de terre. En Allemagne et aux Pays-Bas, les femmes travaillent à égalité avec les hommes. À la fin de la guerre, j'ai vu des Américaines au Texas garder la selle toute la journée, conduisant le bétail ou surveillant les opérations dans les champs de coton ou de sucre. Bien plus, je les ai vus labourer, semer, récolter et extraire de leurs propres mains le bois du bois de cèdre.

La force physique de la femme a dégénéré faute d'exercice et d'utilisation ; mais il serait aussi injuste de la condamner à une position inférieure pour cette raison, qu'il l'était de la part du maître d'esclaves d'insister sur la nécessité de l'esclavage en raison des vices mêmes que l' esclavage avait produits. Cependant, si les femmes veulent vraiment réussir , elles doivent consacrer à leur préparation à une profession les années les plus fraîches de leur vie. Si l'on s'y engage uniquement parce que le mariage a été un échec, ou si on le poursuit avec un esprit divisé, ils seront toujours en retard et inférieurs. Mais la compensation vaut le sacrifice. Une fois le métier acquis, ils ont entre les mains le foyer, le bonheur et l'indépendance ; l'avenir, dans la mesure du possible, est assuré, la sérénité et le calme de l'assurance renforcent l'esprit et adoucissent le caractère, et du point de vue d'un célibat autonome, le mariage lui-même assume sa position la plus élevée ; ce n'est plus le but, mais le couronnement et l'achèvement de sa vie ; car *elle n'a pas besoin* , et elle *ne le fera donc pas* , de se marier pour autre chose que l'amour, et ainsi sa condition de femme ne perdra rien de la grâce et de la gloire qui lui appartiennent de droit.

Petits enfants

LES enseignants d'un peuple ont besoin d'une sagesse bien plus grande que ses prêtres. Ces derniers ne sont que le porte-parole d'un oracle si clair qu'un voyageur, même insensé, peut le comprendre. Les premiers sont les interprètes des mystérieuses communications de l'ignorance avec la connaissance.

"Seulement quelques petits enfants", dit l'enseignant autonome et inefficace. Vingt-cinq années d'expérience auprès des petits enfants m'ont appris qu'en termes de perspicacité spirituelle et morale et de connaissance intuitive du caractère, ils sont bien plus proches des anges que nous.

Considérez bien quel mystère ils représentent ! Qui a déjà vu deux enfants mentalement pareils ? Plus fraîches des mains du Créateur, elles conservent encore l'infinie variété qui est l'une des marques de sa richesse infinie de création. Dans quelques années, hélas ! ils prendront les formes stéréotypées de la classe à laquelle ils appartiennent ; mais pendant un petit espace, le ciel s'étend autour d'eux, et ils habitent parmi nous – une grande partie de *ce* monde et une grande partie de *celui-là* .

Il y a vingt ans , je pensais comprendre les petits enfants ; *aujourd'hui,* j'en suis sûr : car je sais désormais que chacun a sa propre vie cachée, dont il sait instinctivement qu'elle est une folie pour le monde, et qu'il ne révèle donc jamais. Maintenant, si vous pouvez vous humilier, devenir comme un petit enfant, être accueilli dans cette vie intérieure, laissez-moi vous dire que vous êtes très près du royaume des cieux. Mieux que les écrits des scolastiques, meilleure que la vie des saints, une telle expérience sera pour vous ; traitez-le donc avec respect et tendresse ; car c'est une épître écrite du doigt de Dieu sur un cœur innocent et naïf.

Considérez aussi quelle sublimité de foi possèdent ces petits ! Les anges croient ; car ils savent et voient; les hommes croient – sur la base d'une « bonne sécurité » et de « preuves » incontestables ; un petit enfant croit en Dieu et aime son Sauveur simplement selon votre représentation. Ô cœurs froids et incrédules ! — demandant à la science et à la philosophie, en hauteur et en profondeur, de s'expliquer ; terrifiés mais non instruits par le silence éternel des espaces infinis au-dessus de vous ! — humiliez-vous, afin que vous puissiez être exaltés ; devenez insensés, afin que vous deveniez sages ! L'intellect humain est un guide aveugle, mais si vous cherchez Dieu à travers le *cœur* , alors « un petit enfant peut vous conduire ».

Dans vos relations avec les jeunes enfants, essayez d'évaluer correctement *leur fantaisie délicate* ; car ce sont eux les vrais poètes.

"Pas dans un oubli total,

Et pas dans l'obscurité totale,

Mais ils arrivent en traînant des nuages de gloire.

Et je pense que c'est à eux que Dieu a pensé lorsqu'il a créé les fleurs et les papillons. Leurs petites voix sont la tonalité naturelle de la musique, leur port gracieux et leur vivacité abandonnent la poésie même du mouvement. Comme l'ange emprisonné de Michel-Ange plaidait à partir de marbre muet, ainsi la divinité en eux plaide dans la beauté de leurs formes, le ciel clair de leurs yeux, la pureté blanche de leur âme, pour la connaissance et l'élargissement.

"Seulement un petit enfant!" Ô mère ! sauvé par ta procréation dans la foi et la sainteté ; peut-être nourris- tu un ange ! Ô professeur ! rendu honorable par ta fonction, comment sais -tu que ta classe est une véritable école de prophètes, et que des enfants « destinés à l'ascension et à la chute de plusieurs en Israël » sont sous ta main ?

Nous avons l'habitude de parler de la « simplicité » d'un enfant, *je sais* que les mystères sont révélés aux bébés, cachés aux hommes pleins d'années et haut placés sur le bâton de la sagesse du monde. Et je me souviens de ce cas dans la vieille Jérusalem. Celui qui a parlé comme jamais homme n'a parlé, « a pris un petit enfant et l'a placé au milieu » pour exemple. Ainsi donc, tout en étant confiés à notre charge, ils sont également destinés à notre instruction. Comme eux, nous devons recevoir le royaume de Dieu, en croyant sans hésitation ni doute aux déclarations de notre Père. Comme eux, nous devons dépendre de notre Père céleste pour notre pain quotidien, sans nous soucier de rien. Comme eux, nous ne devons garder aucun ressentiment et, si nous sommes en colère, être facilement apaisés. Comme eux, nous devons être libérés de l'ambition et de l'avarice, de l'orgueil et du dédain. Ces choses ne nous sont pas naturelles, sinon Jésus n'aurait pas dit : « Vous devez *devenir* comme de petits enfants », et que si nous ne le faisons pas, *nous n'entrerons pas dans le royaume des cieux* .

Et pour que nous ne puissions pas nous tromper, Dieu a placé ces anges en visite au coin de notre feu et à nos tables ; il a fait d'eux os de nos os et chair de notre chair ; bien plus, il les a placés dans les cieux comme une étoile,—

"Pour nous guider vers la demeure

sont les éternels .

Passez à côté des savants, des puissants et des sages, car ils sont poussière ; mais révérons les « petits enfants », car ils sont les messagers de Dieu pour nous.

Sur la nomination des enfants

IL Y a une sorte de physionomie dans les noms des hommes et des femmes aussi bien que dans leurs visages ; notre prénom est nous-mêmes dans nos pensées et dans celles de ceux qui nous connaissent, et rien ne peut le séparer de notre existence. Incontestablement aussi, il y a de la chance dans les noms et un certain succès pour satisfaire l'oreille publique. Choisir des noms chanceux, la *bona nomina* de Cicéron, était autrefois une question de telle sollicitude qu'il est devenu un axiome populaire : « Un bon nom est une bonne fortune ». D'une bonne réputation naît une bonne anticipation, un fait que les romanciers et les dramaturges reconnaissent facilement ; en effet, Shakespeare fait considérer à Falstaff que « l'achat d'un produit de bonne réputation » était tout ce qui était nécessaire pour favoriser la bonne fortune.

Imaginez deux personnes débutant dans la vie comme rivales dans n'importe quelle profession, et sans aucun doute celui qui porterait le nom le plus puissant deviendrait le plus familier du public et aurait donc, dans le sens des affaires, plus de chances de réussir. Nous savons tous qu'il existe des noms qui circulent instantanément parmi nous et qui nous lient d'amitié avec leurs propriétaires, même si nous ne les avons jamais vus. Ce sont des chanceux dont les parrains jettent ainsi leur nom dans des lieux agréables et chanceux.

Il est donc surprenant que, parmi les nations civilisées, la plupart des gens, même les plus instruits, soient si insouciants à ce sujet. Or, le mal est aussi souvent provoqué par manque de pensée que par manque de connaissance, et pour stimuler la pensée des parents, les suggestions suivantes sont proposées.

Il n'est pas bien d'appeler le fils aîné le nom de son père et la fille aînée le nom de sa mère. Le but des noms est d'éviter toute confusion, et cet objectif n'est pas atteint lorsque le nom de l'enfant est le même que celui du parent . L'ajout de « junior » ou « senior » ne corrige pas non plus le problème ; en outre, la coutume provoque l'ajout irrespectueux du mot « vieux » au père. Il existe un autre danger très subtil à appeler les enfants après leurs parents. De tels enfants sont très susceptibles d'être considérés avec une partialité excessive. C'est un sentiment peut-être jamais reconnu, mais qui pourtant fait son chemin dans le cœur des meilleurs hommes et femmes. Il est plus facile de repousser le mal que de l'éteindre.

Si le nom de famille est commun, le prénom doit être particulier. Presque tous les préfixes peuvent être attribués à « Smith ». John Smith n'a plus d'individualité, mais Godolphin Smith lit vraiment de manière aristocratique. James Brown n'est personne, mais Sequard Brown et Ignatius Brown sont sortis de la foule. Certains se sortent de cette difficulté en répétant le nom de manière à forcer le respect. Ainsi, Jones Jones , de Jones's Hall, fait preuve d'une fanfaronnade morale qui garantirait son succès.

C'est souvent un grand avantage d'avoir un nom très bizarre, un peu difficile à retenir au début, mais qui une fois appris se mord dans la mémoire. Par exemple, il y avait Jamsetjee Jeejeebhoy ; nous devons faire une course d'obstacles pour y parvenir, mais une fois dans l'esprit, cela ne s'oublie jamais.

Rappelez-vous, en donnant des noms, que les enfants, une fois adultes, peuvent se trouver dans des situations où ils devront fréquemment signer leurs initiales, et ne donnez pas de noms qui pourraient, dans cette situation, provoquer des remarques méprisantes. Par exemple, David Oliver Green, dont les initiales font « chien » ; Clara Ann Thompson, les initiales épellent « chat ». Il ne faut pas non plus donner un nom dont l'initiale prise en conjonction avec le nom de famille suggère une idée stupide, comme M. P. Cox ou Mme T. Potts.

Si l'enfant est un garçon, il peut être tout aussi inconfortable pour lui d'avoir une longue série de noms. Supposons qu'à l'âge adulte il devienne commerçant ou banquier, avec beaucoup d'affaires à faire, alors il ne sera pas très content d'écrire « George Henry Talbot Robinson » deux ou trois cents fois par jour.

Ce n'est pas une mauvaise idée de donner aux filles un seul nom de baptême, afin que si elles se marient , elles puissent conserver leur nom de jeune fille : comme Elizabeth Barrett Browning, Harriet Beecher Stowe. C'est la pratique de la Société des Amis, et elle mérite d'être adoptée plus généralement, car on saurait alors immédiatement, en voyant le nom d'une dame, si elle est mariée, et si oui, quel était son nom de famille. A Genève et dans de nombreuses provinces de France, le nom de famille de jeune fille de l'épouse s'ajoute au nom de famille du mari ; ainsi, si une Marie Perrot épousait Adolphe Lauve , elles écriraient après le mariage leurs noms respectivement, Adolphe Perrot- Lauve et Marie Perrot- Lauve . Cette coutume sert à distinguer le célibataire de l'homme marié, et est digne d'être imitée ; car si la vanité réunit dans un même écusson les bras du mari et de la femme, l'affection ne devrait-elle pas confondre leurs noms ?

Généralement, le « ie » moderne qui est ajouté à tous les noms qui en admettent, les rend insensés et insipides. Où est l'amélioration dans la transformation de la beauté féminine de Mary en Mollie ? Imaginez une reine Mollie, ou Mollie reine d'Écosse ! Il y a quelque chose comme un sacrilège dans une telle transformation. Prenez Margaret, et mutilez le nom perlé en Maggie, et sa pureté comme un halo disparaît, et nous avons une idée très banale à sa place. Si nous devons avoir des diminutifs, recommandez -nous à l'ancien style. Polly, Kitty, Letty, Dolly, étaient des noms qui avaient du sens et du travail, et que nous prononçons comme des sons articulés.

Il n'y a pas de plus grande injustice que d'infliger un nom fantaisiste ou surnaturel à une enfance impuissante ; car, comme il est dit avec justesse : « Combien y en a-t-il qui auraient pu faire extrêmement bien dans le monde si leur caractère et leur esprit n'avaient pas été totalement *nicodémusés* dans le néant ! »

C'est certainement une question grave si, en matière de noms chrétiens, notre respect pour le passé mort doit nous aveugler sur le confort et le succès futurs de nos enfants. Pourquoi avons-nous autant de George Washington ? Le nom est un gros fardeau pour n'importe quel garçon. Il le ressentira toujours. L'infériorité par rapport à son homonyme est inévitable. D'ailleurs, cette promiscuité des grands noms les dégrade ; ce n'est pas une chose agréable de voir un George Washington ou un Benjamin Franklin dans les journaux télévisés pour de petits larcins.

Pour la plupart, les noms de l'Ancien Testament manquent d'euphonie et ne s'harmonisent pas du tout avec les noms de famille anglais. Les prénoms féminins sont encore moins musicaux. Rien ne peut nous réconcilier avec Naomi Brett, Hephzibah Dickenson ou Dinah Winter. Et pour prouver que l'effet désagréable produit par de telles combinaisons ne vient pas des noms choisis, substituons-y des appellations irréprochables, et le résultat sera encore pire : Naomi Pelham, Hephzibah Howard, Dinah Neville ! Un prénom hébreu nécessite, dans la plupart des cas, un nom de famille hébreu.

Certains parents refusent très judicieusement pour leurs enfants tous les prénoms susceptibles d'être *entaillés* , pensant avec le Dr Dove que « ce n'est pas une bonne chose d'être Tom'd ou Bob'd , Jack'd ou Jim'd , Sam'd. ou Ben'd , Will'd ou Bill'd , Joe'd ou Jerry'd , à mesure que vous parcourez le monde. Les sobriquets sont également déconseillés. Nous connaissons une belle femme qui, lorsqu'elle était petite fille, se distinguait par une richesse de cheveux ondulés et bouclés. Quelqu'un lui a donné le nom de « Friz », et c'est toujours celui de la digne matrone. L'esprit, ou le soi-disant esprit, se plaît à s'exercer de cette façon, mais le nom d'un enfant est une chose trop précieuse pour être ridiculisée.

Les noms fantaisistes ne sont ni toujours jolis ni prudents. Les parents ont besoin du don de prophétie qui appelle leurs enfants Grâce, Foi, Espoir, Fortune, Amour, etc. Il est possible que leur vie après la mort transforme ces noms en une amère ironie.

Dans le but de se concilier un ami riche, ne donnez jamais à un enfant un nom désagréable ou barbare. Ce sera une épine dans son pied aussi longtemps qu'il vivra, et après tout, l'héritage pourrait lui manquer.

Un enfant aussi peut avoir une telle collection de noms arythmiques que lui et ses amis doivent les bousculer toute leur vie. Supposons qu'un garçon s'appelle Richard Edward Robert. L'oreille perçoit en un instant un fouillis de sons dont elle ne peut rien comprendre. Si plusieurs prénoms sont choisis, enchaînez-les selon un principe harmonieux ; les noms qui sont des bouchées de consonnes ne peuvent être portés sans de mauvaises conséquences pour leur propriétaire.

L'euphonie de notre nomenclature serait grandement améliorée par une judicieuse adaptation du prénom au nom de famille. Lorsque le nom de famille est un monosyllabe , le prénom doit être long. Rien ne peut réconcilier l'oreille avec des noms aussi secs que Mark Fox, Luke Harte, Ann Scott ; mais Gilbert Fox, Alexander Hart et Cecilia Scott sont loin d'être méprisables.

Parmi les nombreux excellents prénoms, il est étonnant que si peu soient d'usage courant. Les dictionnaires contiennent des listes d'environ deux cent cinquante noms masculins et cent cinquante noms féminins, mais sur ceux-ci, pas plus de vingt ou trente pour chaque sexe ne peuvent être qualifiés de communs.

Pourtant, notre langue compte de nombreux et beaux noms, tant masculins que féminins, dignes d'une popularité qu'ils n'ont pas encore atteinte. Parmi les hommes, par exemple, Alban, Ambrose, Bernard, Clement, Christopher, Gilbert, Godfrey, Harold, Michael, Marmaduke, Oliver, Paul, Ralph, Rupert, Roger, Reginald, Roland, Sylvester, Theobald, Urban, Valentine, Vincent, Gabriel, Tristram, Norman, Percival, Nigel, Lionel, Nicholas, Eustace, Colin, Sebastian, Basil, Martin, Antony, Claude, Justus, Cyril, etc., qui ont tous les attributs de l'euphonie, de la bonne étymologie, et des associations intéressantes.

Et parmi les prénoms féminins, pourquoi n'avons-nous pas plus de filles appelées par les appellations nobles ou gracieuses d'Agatha, Alethia, Arabella, Beatrice, Bertha, Cecilia, Evelyn, Ethel, Gertrude, Isabel, Leonora, Florence, Mildred, Millicent, Philippa, Pauline, Hilda, Clarice, Amabel , Irène, Zoé, Muriel, Estelle, Eugenia, Euphemia, Christabel, Theresa, Marcia, Antonia, Claudia, Sibylla, Rosabel , Rosamond, etc.?

Il existe de curieuses superstitions concernant le nom des enfants qui, en tant que rumeur, méritent d'être mentionnées en passant. Les paysans du Sussex croient que si un enfant reçoit le nom d'un frère ou d'une sœur décédé, il mourra également en bas âge. Dans certaines régions d' Irlande , on pense que donner à l'enfant le nom de l'un de ses parents abrége la vie de ce parent. On considère généralement comme une chance d'avoir les initiales du prénom et du nom de famille identiques, et également de pouvoir épeler un mot par les initiales. Dans les régions du nord-ouest de l'Écosse, un nouveau-né est doucement vibré deux ou trois fois au-dessus d'une flamme, avec les mots : « Que les flammes te consument maintenant ou jamais » ; et cette lustration par le feu est courante aujourd'hui dans les Hébrides et les îles occidentales. Il existe une superstition largement répandue selon laquelle un enfant qui ne pleure pas lors de son baptême ne vivra pas ; aussi celui qui considère qu'il est particulièrement malchanceux si quelque chose interfère pour empêcher le baptême à l'heure exacte initialement fixée. Dans de nombreuses régions d'Écosse, si des enfants de sexes différents se trouvent aux fonts baptismaux, le ministre qui a tenté de baptiser la fille avant le garçon serait interrompu. On dit qu'il est particulièrement malheureux pour l'enfant qu'un prêtre gaucher le baptise. À Cumberland et à Westmoreland , un enfant qui va être baptisé emporte avec lui une tranche de pain et de fromage, et celle-ci est remise à la première personne rencontrée. En retour, le destinataire doit donner au bébé trois choses différentes et lui souhaiter santé et fortune. Nous avons été témoins très fréquemment de cette dernière coutume, et une fois dans une ferme au pied de Saddleback Mountain, nous avons vu une méthode très singulière pour décider quel devrait être le nom de l'enfant. Six bougies d'égale longueur étaient nommées et toutes allumées au même moment. Le bébé portait le nom de la bougie qui brûlait le plus longtemps.

Nous avons mentionné ces superstitions comme de curieuses preuves que nos ancêtres ignorants considéraient la nomination des enfants comme un événement important ; et nous serions désolés s'ils tendaient à affaiblir dans une certaine mesure les pensées antérieures. Car, aussi insouciants que nous puissions être de ce fait, il n'en reste pas moins que le nom d'une personne est le son qui suggère l'idée d'elle, c'est un portrait peint en lettres. On ne saurait donc trop se garder d'en donner un qui serait une honte ou un embarras, ou qui condamnerait même celui qui le porte à la banalité.

La table des enfants

IL faut espérer que la meilleure manière de nourrir les enfants afin de produire le meilleur développement physique possible nécessitera bientôt l'attention accordée à l'amélioration des chevaux, des bovins et des moutons. Car les hommes comme les femmes commencent à se rendre compte que, mentalement et spirituellement, nous dépendons largement de la coopération d'un corps sain ; de là est née une certaine école, appelée à juste titre « christianisme musclé ».

Le bien-être physique d'un enfant est la première considération imposée à la mère. Bien avant que l'intellect ne se lève, bien avant qu'il distingue le bien du mal, il y a un travail important à accomplir. Une demeure saine et pure doit être créée pour les hôtes élevés de l'esprit et de l'âme. Hélas, comme cela a été peu pris en compte ! Combien de fois de grands esprits ont-ils été à l'étroit dans des corps maladifs et nains ! Combien de fois des âmes aspirantes ont-elles été liées par les chaînes terrestres d'une douleur irritante !

Qui délivrera les enfants des indulgences imprudentes, des théories fantaisistes et des erreurs héritées de leurs parents ? Ce n'est pas le domaine de la religion ; une mère peut être extrêmement religieuse et en même temps cruellement ignorante dans le traitement de l' enfant, qu'elle aime pourtant de tout son cœur.

Lorsque les hommes et les femmes vivaient simplement et naturellement, la nature prenait dans une large mesure soin des siennes ; mais dans notre vie artificielle, nous devons chercher l'aide de la Science pour retrouver notre chemin vers la Nature. Et si la science a su nous apprendre à améliorer notre race de chevaux, et à amener à un état de perfection physique nos bovins et nos moutons, par une simple sélection des nutriments, elle peut aussi donner à la mère en quête des indications pour se constituer un élevage fort et sain. corps dans lequel l'âme immortelle peut demeurer et travailler. Car, aussi humiliant que nous puissions le considérer, nous ne pouvons pas combattre cette vérité divine selon laquelle les processus vitaux chez les animaux et chez les hommes sont substantiellement les mêmes.

Dans l'alimentation des enfants, les deux grandes erreurs sont la suralimentation et la sous-alimentation ; mais des deux maux, le dernier est le pire. La satiété est moins nuisible que l'inanition ; et, d'après mon observation, la gourmandise est le vice des adultes plutôt que celui des enfants. S'ils dépassent ces limites, la cause peut généralement être attribuée au fait qu'ils ont longtemps manqué de l'article dont ils se délectent. Par exemple, si, à de rares intervalles, des bonbons et des friandises sont à leur portée, ils se rendent généralement malades. une offre excédentaire ; mais ce n'est là que la Némésis qui suit toujours les privations contre nature de toute sorte.

Rien n'est plus nécessaire à un enfant que le sucre. Son amour n'est pas tant pour plaire à son palais que pour satisfaire un besoin pressant de sa nécessité. Le sucre est une substance si importante dans les changements chimiques qui se produisent dans le corps que de nombreux autres composés doivent être réduits en sucre avant d'être disponibles comme constituants générateurs de chaleur. En fait , le foie est une usine qui transforme une grande partie des nutriments que nous consommons, sous d'autres formes, en sucre.

On pourrait dire : « Si le sucre est un excellent générateur de chaleur, la viande grasse l'est aussi, ce que la plupart des enfants n'aiment pas du tout. » Un fait prouve l'autre. La viande grasse et le sucre sont tous deux de grands producteurs de chaleur, mais l'enfant a soif de sucre et n'aime pas la graisse parce que son organisme faible peut gérer le sucre, mais ne peut pas gérer la graisse. Toutes les mères ont dû remarquer que les enfants délicats tombent malades à cause de la viande grasse et ont généralement envie de sucreries. Pauvres petites choses ! ils veulent quelque chose qui fasse brûler plus rapidement le feu vital. Le sucre en proportions appropriées est un carburant judicieusement ajouté ; la graisse est un carburant qu'ils n'ont pas la force d'assimiler, et donc de rejeter. Bien sûr, aucune mère ne me comprend lorsque je dis que les enfants doivent donc être nourris avec du sucre ; mais seulement qu'ils en aient une proportion juste et régulière sous une forme ou une autre ; auquel cas ils ne ressentiraient plus la tentation de dépasser les occasions occasionnelles.

Un autre désir dominant chez les enfants en pleine croissance est celui des fruits. Ils mangeront des fruits, mûrs ou non ; une pomme aigre ou une fraise mûre semble tout aussi acceptable. Il est courant de leur attribuer des plaintes estivales de toutes sortes et de limiter soigneusement leur utilisation aux enfants. Le fait est que tous les fruits contiennent un acide végétal qui est un tonique puissant et particulièrement acceptable pour l'estomac. Les fruits devraient faire partie de l'alimentation de chaque enfant toute l'année : les fruits frais en été, les pommes et les oranges en hiver. Mais ils doivent être administrés régulièrement avec les repas, et non entre ceux-ci. Ils rempliront alors leur fonction tonique dans le système et ne feront jamais, dans des circonstances ordinaires, le moindre mal.

Combien de fois avons-nous vu des enfants dans une gentillesse erronée se limitant en grande partie au pain et au lait, aux puddings et aux légumes ;

bien plus, on leur dit en réponse à leurs regards affamés que « la viande n'était pas bonne pour les petits garçons et les petites filles ». Voyons maintenant pourquoi les adultes mangent de la viande. N'est-ce pas pour réparer la perte que nous souffrons du travail actif, l'épuisement des efforts mentaux, et pour fournir à nouveau la chaleur vitale, dont une grande partie est perdue chaque jour par de simples radiations ? De toutes ces manières, les enfants épuisent généralement la vie plus rapidement que les adultes. Ils courent là où nous marchons, ils sautent, ils sautent, ils sont rarement immobiles. Leurs études représentent pour eux une tension mentale aussi grave que nos affaires nous importent. Leurs corps sont tout autant exposés aux pertes de chaleur par rayonnement que les nôtres, voire davantage dans certains cas. Mais les enfants ont une exigence vitale très importante que les adultes n'ont pas : ils doivent grandir. Qui a donc plus besoin d'aliments forts et nutritifs que les enfants ? Ils devraient avoir de la viande, en abondance, autant qu'ils le désirent ; et avec la viande, le pain et les légumes, le lait, les friandises et les fruits. Car la variété est une autre grande condition d'une alimentation saine : aucun type d'aliment (aussi bon soit-il) ne soit capable de fournir tous les différents éléments dont le corps a besoin pour une santé parfaite et un bon développement.

Si les enfants ont un désir urgent de suivre un régime particulier , il serait bon que les parents hésitent et enquêtent avant de le refuser. Ils n'ont aucun moyen de s'entendre secrètement avec le ventre de l'enfant ; mais la nature demande généralement avec obstination toute nécessité particulière, et elle ne se trompe jamais. Il n'est pas non plus judicieux de limiter la quantité, pas plus que le type de nourriture donnée aux enfants. Leurs besoins varient en fonction de causes trop complexes pour qu'un parent puisse les garder constamment à l'esprit. L'état du temps, la quantité d'électricité ou l'humidité de l'atmosphère, les études, le sommeil, l'exercice, l'état de la digestion et même l'humeur mentale de l'enfant peuvent influencer différemment l'état et les exigences de presque chaque repas. Aucune théorie diététique qui ne prendrait en compte toutes ces conditions et bien d'autres encore ne serait fiable. Qu'allons-nous donc faire? Ayez plus confiance dans vos instincts naturels. Si les enfants demandent « plus », dix contre un, ils se sentent plus sincères que nous ne pouvons raisonner sur ce sujet.

D'après des principes généraux, on peut supposer que les enfants posent leurs questions selon les directives de la nature ; ils désirent ce dont elle a besoin et autant qu'elle en a besoin. Bien entendu, tous les conseils doivent être de nature générale ; Des limitations particulières sont supposées être au pouvoir de toute mère réfléchie. Mais le grand principe est de se rappeler que l'énergie dépend de la quantité, non pas de nourriture, mais d'aliments nutritifs ; car si une livre d'un type de nourriture donne autant de nutriments que quatre livres d'un autre, c'est sûrement mieux pour les enfants (et les adultes aussi) qui sollicitent le moins leur digestion.

Ce que sera la prochaine génération dépend de la formation physique, mentale et morale des enfants d'aujourd'hui. Ces enfants sont l'avenir de la société. Doivent-ils être chétifs et dyspeptiques, s'inquiéter et s'inquiéter dans la vie comme dans une tâche ? Ou bien doivent-ils être des médiums finement développés, au souffle doux , aux yeux clairs et à l'esprit léger pour les aspirations divines et les travaux intellectuels et matériels ?

Ô mères ! ne méprisez pas la humble pierre angulaire de la vie : la bonne santé. Vous avez la première construction du corps ; veillez à ne ménager aucun élément nécessaire à sa perfection. Soyez libéral ; doutez de vos propres théories plutôt que de la nature ; faites confiance à l'enfant là où vous êtes perdu, tout comme un homme perdu jette les rênes au cou de son cheval et se fie à quelque chose de plus subtil que la raison : l'instinct.

Quelle que soit la manière dont on considère le sujet de l'alimentation des enfants, le grand principe est que nous ne pouvons pas obtenir de pouvoir à partir de rien. Pour que l'enfant ait la santé, l'énergie et l'intellect, il doit être doté des conditions physiques nécessaires. Ce ne sont pas le résultat d'un accident, mais d'une généreuse considération.

Le « bachotage » intellectuel des garçons

UNE PETITE fille, qui étudiait les épitaphes, était très perplexe de savoir « où étaient enterrés tous les méchants ». Une énigme tout aussi importante pour un esprit réfléchi est peut-être la suivante : que deviennent tous ces garçons prometteurs ?

Nous admettrons, premièrement, qu'une grande partie des « promesses » n'existe que dans la partialité des parents ; qu'une enfance brillante et intense est souvent si différente de la routine mécanique de la vie adulte que la simple différence frappe le parent comme quelque chose de remarquable, alors qu'elle n'est peut-être qu'un fort cas de contraste entre le naturel et l'artificiel. La preuve en est qu'au fur et à mesure que l'enfant s'intègre au monde quotidien, il s'adapte peu à peu à ses habitudes, adopte son ton et ne tente en aucun cas de s'élever au-dessus de son niveau.

Mais heureusement, le changement est si progressif que les parents ne s'aperçoivent guère quand ni comment ils ont perdu leurs espoirs exaltés ; et au moment où Jack ou Will ont absorbé une bonne quantité de connaissances et se sont installés avec contentement sur son bureau et son tabouret haut, ils sont également très satisfaits et enclins à oublier qu'ils avaient déjà rêvé que le garçon pourrait s'asseoir sur le banc, ou , peut-être, remplir d'honneur le fauteuil présidentiel.

En accordant à ces garçons une minorité très respectable, et en accordant également une grande marge à cette classe malheureuse qui

"Un si jeune sage, dit-on, ne vit jamais longtemps."

nous avons encore de bonnes raisons de nous demander : que deviennent tous ces garçons prometteurs ?

Cram d'être le premier et le plus important des trompeurs et des fraudeurs en la matière . C'est à l'éducation ce que la falsification est au commerce. C'est bien pire, car ici ce n'est pas l'argent qui est volé, ce sont les meilleurs et les plus grands espoirs d'un parent ; c'est toute la vie future d'un garçon et sa réussite. Car le système repose sur une erreur, à savoir qu'il est possible à des garçons de vingt ans de tout savoir, depuis la table de multiplication jusqu'à la métaphysique, depuis les pièces de théâtre grecques jusqu'aux dogmes théologiques.

Pour le garçon moyen, de tels exploits intellectuels sont tout simplement impossibles ; mais il est courageux et fertile en expédients ; il n'est ni disposé à se laisser battre ni capable de réellement dépasser sa tâche, aussi utilise-t-il son cerveau avec soin et fait-il le plus grand spectacle possible sur le plus grand nombre de sujets possible.

Peut-être que rien dans notre système d'éducation actuel n'est plus démoralisant et plus injuste que la coutume des examens publics. Chez eux, l'intérêt et la vanité font le jeu l'un de l'autre ; un véritable acquis et un principe « aller au mur ». Les professeurs comme les élèves savent qu'ils ne sont jamais de véritables critères de progrès, qu'ils ne sont rarement même une représentation juste du déroulement réel des études. Des semaines, des mois sont consacrés aux préparatifs de cette démonstration trompeuse ; même alors, le vrai mérite, qui est généralement modeste par nature, se rend injuste à lui-même, et la vaine assurance s'en sort avec brio.

Le professeur de Cram disperse les graines sur une grande partie de la surface mentale, au lieu de cultiver minutieusement les parties les plus prometteuses ; et il présente aux parents et au public les quelques épis glanés sur tous les acres comme échantillons de récoltes dont il sait qu'elles ne seront jamais récoltées. Pourtant, à sa propre vanité pédante ou à son intérêt personnel, il sacrifie l'apogée de la vie de nombreux bons garçons. C'est pourquoi nous sommes disposés à croire que si les parents refusaient inexorablement d'approuver ces démonstrations publiques prétentieuses, il y aurait probablement beaucoup moins d'accumulation de faits bruts, mais une bien plus grande culture des capacités naturelles et un développement bien plus approfondi des aptitudes décidées.

Le travail mécanique, au lieu du travail intelligent, est la méthode inévitable où bachoter un garçon, au lieu de l'éduquer, est le système préféré. Aucune faculté mentale, hormis la mémoire, ne reçoit de discipline, et la connaissance disparaît aussi vite qu'elle a été acquise. Tout goût pour les habitudes de pensée laborieuses est perdu, et si un garçon possédait à l'origine l'amour du savoir, il est bientôt dégoûté de ce que sa nature simple lui dit être factice et irréel, et jugeant le vrai selon un faux critère, il conçoit un honnête dégoût pour travail intellectuel, et déclare que tout cela est une imposture.

Peu de garçons peuvent même mentalement suivre un cours de « bachotage » et en sortir indemnes. La majorité des intellects les plus fins se développent tardivement, et leur supériorité dépend en fait dans une large mesure de la résistance conférée par la force physique et de conditions judicieusement étudiées. Il y a bien sûr des exceptions, où une force héritée du génie écrase le garçon dès le début et défie tous les systèmes pour l'écraser. Mais c'est le garçon moyen, et non l'enfant exceptionnel, qui doit être pris en compte dans toutes les méthodes d'éducation.

Dans cette affaire, les garçons ne sont pas à blâmer. Ils acceptent naturellement les opinions du maître sur la valeur de son plan ; ils aiment plutôt se livrer une course au coude à coude dans les connaissances superficielles, et toute la tendance de notre vie sociale soutient cette théorie tentante. Tout le monde veut posséder sans se soucier d'acquérir ; tout le monde aurait une réputation sans le travail de la mériter. À une époque qui se targue de la rapidité avec laquelle elle fait tout, qui a le mérite de faire tout ce qui doit être fait de la manière la plus courte et la plus rapide possible, il est facile de comprendre comment une certaine classe d'enseignants, et aussi de parents, serait prêt à croire que l'ancienne route montante vers la connaissance pourrait être nivelée et bordée et rendue disponible pour un transport en commun rapide.

Mais rien ne peut être plus illogique que d'appliquer des règles et conditions sociales à des conditions mentales. Les premiers sont en constante évolution, les seconds obéissent à des lois fixes et immuables. Il n'y a pas, il n'y a jamais eu, il n'y aura jamais de raccourci vers la connaissance universelle ; et le garçon qui perd du temps à en chercher un devra soit abandonner complètement son objectif, soit, revenant sur la route principale, retrouver devant lui ses premiers compagnons qui s'y sont tenus désespérément. L'apprentissage est une plante qui pousse lentement et dont il faut attendre les fruits. Il y a longtemps, même après avoir appris quelque chose, *qu'on le sait bien* .

Le point de vue de la servante

BEAUCOUP parlé ces derniers temps de la question des servantes, toujours du point de vue des maîtresses ; et comme aucune preuve *ex parte* n'est concluante, j'offre pour le côté des servantes quelques points qui peuvent aider à une meilleure compréhension de l'ensemble du sujet.

On dit de toutes parts que les domestiques deviennent chaque année plus paresseux, plus voyants, plus impudents et plus indépendants. La dernière accusation est absolument vraie, et elle explique et inclut les autres. Mais alors cette indépendance est le résultat nécessaire du progrès du monde, auquel participent toutes les classes. La vapeur a facilité les déplacements des familles qui, sans moyens de transport bon marché, ne parcourraient jamais cent milles de chez elles. Cela a également permis aux serviteurs de se déplacer facilement de ville en ville. Lorsque les salaires sont bas et que les services sont abondants au même endroit, quelques dollars suffiront à les transporter là où ils sont demandés.

Il y a cinquante ans, très peu de domestiques lisaient ou prenaient soin de lire. Ils sont aujourd'hui les meilleurs mécènes d'une certaine catégorie de journaux ; ils voient les « colonnes Want » ainsi que d'autres personnes ; et ils sont tout à fait capables d'apprécier les leçons qu'ils enseignent et les avantages qu'ils offrent. L'augmentation de la richesse nationale a également affecté la situation des domestiques. Les gens ont plus de domestiques qu'avant ; et les domestiques ont moins de travail à faire. Les gens vivent mieux qu'avant, et les serviteurs, ainsi que les autres, ressentent l'élévation mentale que procure une nourriture riche et abondante.

Mais l'une des principales causes de problèmes est qu'une maîtresse embauche encore sa servante avec des idées anciennes sur son infériorité. Elle oublie que les domestiques lisent des romans, font des travaux raffinés et écrivent beaucoup de lettres ; et ce service ne peut plus être considéré comme l'humble travail d'un être inférieur pour un être supérieur. Les maîtresses doivent désormais chasser de leur esprit l'idée de la vieille servante de la famille qu'elles ont appris à rencontrer dans les romans ; ils doivent cesser de considérer le service comme un lien de famille ; ils doivent se rendre compte et reconnaître pratiquement le fait que la relation entre maîtresse et servante est désormais sur une base purement commerciale, le serviteur moderne étant une personne qui prend une certaine somme d'argent pour accomplir certaines tâches. En fait, la situation a subi exactement le même changement que celui qui s'est produit dans les relations entre le fabricant et ses artisans, ou entre l'entrepreneur et ses charpentiers et maçons.

Il est vrai que les domestiques prennent l'argent et ne remplissent pas leurs fonctions, ou bien les remplissent très mal. Le fabricant, l'entrepreneur, le commerçant, tous font la même plainte ; car l'indépendance et la liberté sociale passent toujours *avant* l'aptitude à ces conditions, parce que la condition est nécessaire aux résultats, et que les résultats ne sont pas le produit d'une seule génération. Il est certain que les Américains peuvent supporter leurs griefs intérieurs sans trop de protestations, puisqu'ils sont toutes les conséquences de l'éducation et du progrès, et sont les circonstances qui rendent possible des conditions bien plus élevées et meilleures.

Car dès que le service domestique deviendra officiellement et publiquement un marché commercial, et que toutes les autres idées en seront éliminées, le service attirera un grade beaucoup plus élevé de femmes. L'Américaine indépendante et assez instruite ne vendra pas son travail à des femmes qui insistent pour qu'elle donne une partie de sa personnalité autre que le travail de ses mains. Elle considère que l'ingérence dans ses affaires privées est une impertinence de la part de tout employeur. Elle ne souhaite pas qu'une maîtresse s'intéresse à elle, la conseille, l'enseigne ou la réprimande. Elle s'oppose à ce que son employeur soit même ce qu'on appelle « amical ». Tout ce qu'elle demande, c'est de connaître ses tâches et ses horaires, et de bien comprendre son travail et sa rémunération. Et lorsque le service sera ouvertement posé sur cette base, cela attirera vers lui beaucoup de personnes qui préfèrent désormais le travail plus dur, les salaires plus bas, mais une plus grande indépendance des usines.

Les serviteurs font partie de notre système social, mais notre système social est constamment modifié et amélioré, et les serviteurs s'élèvent avec lui. Je me souviens d'une époque en Angleterre où les domestiques qui ne remplissaient pas leur contrat d'un an étaient passibles de sanctions légales ; lorsqu'ils portaient une certaine qualité vestimentaire, et que ceux qui s'habillaient trop le faisaient au détriment de leur réputation ; lorsqu'ils se déplaçaient rarement au-delà de la distance de marche de leur lieu de naissance ; alors qu'en réalité ils étaient plus des esclaves que des serviteurs. Une bonne femme souhaiterait-elle rétablir le service dans cet état ?

Du côté de la servante, la racine de toutes les difficultés est son manque de respect pour son travail ; et ce, uniquement parce que son œuvre n'a pas encore été ouvertement et universellement mise sur une base commerciale. Lorsque le service domestique est mis sur le même plan que le service mécanique, lorsqu'il est considéré comme un simple marché commercial, alors la servante ne ressentira pas le besoin d'être insolente et de mal faire son travail, mais simplement de faire savoir à son employeur combien elle est au-dessus. Beaucoup a été fait pour dégrader le service des acteurs, des journaux et des écrivains de toutes sortes en donnant aux domestiques des noms méprisants de « larbins », de « domestiques », etc., etc. Si de tels termes étaient habituellement utilisés à propos de la mécanique, nous pourrions peut - être apprenez à considérer les maçons et les charpentiers avec dédain. Pourtant, le service domestique est aussi honorable que le service mécanique, et la femme qui sait préparer un bon dîner est tout aussi importante pour la société que l'homme qui prépare la table sur laquelle il est servi.

Pourtant, que les maîtresses reconnaissent ou non le changement, le service s'est dans une large mesure émancipé des liens féodaux. Les domestiques disposent désormais d'un monde social qui leur est propre, dont leurs maîtresses ne connaissent absolument rien. Ils y rencontrent leurs égaux, se font des amis et parlent comme ils le souhaitent. Sans syndicats, sans discours et sans grève, parce qu'ils peuvent obtenir ce qu'ils veulent sans faire grève, ils ont augmenté leurs salaires, raccourci leurs heures de travail et obtenu de nombreux privilèges. Et le résultat naturel est une indépendance – qui, faute d'expression appropriée, s'affirme par l'impertinence et la suffisance de l'ignorance – qui a gagné plus en droits tangibles qu'en respect intangible.

Les maîtresses qui ont des souvenirs ou des traditions sont choquées parce que les servantes ne reconnaissent pas leur supériorité ou ne respectent pas d'une manière ou d'une autre leurs « meilleurs ». Mais le respect de tout ce qui est terrestre est l'attitude la plus anti-américaine. La révérence est dépassée et offensivement opposée au libre examen. Les parents ne l'exigent pas, et les prédicateurs ne s'y attendent pas , le titre même de « Rév. » est maintenant une antiquité verbale. Ne soumettons-nous même pas nos dirigeants à une série de poignées de main afin de les priver de tout respect que leur fonction pourrait leur apporter ? Pourquoi donc attendre de nos serviteurs une vertu que nous ne pratiquons pas dans nos propres rangs ?

On dit avec raison que les domestiques ne pensent qu'à s'habiller. Hélas, les maîtresses sont dans la même transgression ! C'est la faute des machines. Lorsque les domestiques portaient des casquettes et des vichy, les maîtresses portaient des mousselines et des mérinos, et se portaient bien avec une belle robe de soie. Les machines ont permis aux maîtresses de se procurer beaucoup de robes, et si les servantes sont désormais belles et vulgaires, c'est parce qu'il y a une tendance générale dans ce sens. Les serviteurs étaient soignés alors que tout le monde était soigné.

Blâmer les serviteurs pour des défauts que nous partageons tous n'est vraiment pas raisonnable. Il ne faut pas oublier que les femmes de toutes les classes s'habillent pour se rendre attrayantes, et qu'elles attirent principalement le sexe opposé. Ce que font les demoiselles du salon pour se faire belles auprès de leurs amants, les domestiques de la cuisine l'imitent. Les deux classes de jeunes femmes ont hâte de se marier. Il n'y a aucun mal à ce désir dans les deux cas. Nous ne nous mêlons pas des espérances des jeunes filles ; pourquoi alors s'immiscer dans l'affaire de l'infirmière et du policier ? le service n'est pas un élysée dans les circonstances les plus favorables. Aucune fille n'y prend goût, et le désir d'être maîtresse de sa propre maison, si petit soit-il, n'est pas un coup bien honteux contre la Providence.

L'application de trois points révolutionnerait probablement toute la condition du service :

D'abord. La relation doit être placée sur une base absolument commerciale ; et rendu aussi honorable qu'un service mécanique, d'usine ou de magasin.

Deuxième. Les tâches et les horaires doivent être clairement définis. Il ne devrait y avoir aucune ingérence dans les affaires personnelles. Il ne devrait pas y avoir plus d'intérêt personnel attendu ou manifesté que la règle entre tout autre employeur et employé.

Troisième. S'il était possible de provoquer des engagements annuels, ils devraient être la règle ; car quand les gens savent qu'ils doivent se supporter pendant douze mois, ils sont plus enclins à être patients et indulgents ; ils apprennent à tirer le meilleur parti des méthodes de chacun ; et l'attitude devient de la sympathie, et l'habitude renforce la sympathie, et ainsi ils continuent encore et encore et sont assez satisfaits.

Extravagance

LA race anglo-saxonne est par nature extravagante. Seigneur et chef du monde civilisé, il s'habille de pourpre et de lin fin, et vit somptueusement chaque jour, prérogative de sa suprématie.

Ce trait est très ancien, et l'extravagance barbare du « Champ du drap d'or » ne faisait que caractériser cette passion de la course aux vêtements et accessoires splendides qui, de nos jours, a atteint un point de faste et d'ostentation générale et prodigue.

Aucune autre nation hautement civilisée n'a autant de goût pour la parade personnelle et la vie luxueuse. Les Français, qui jouissent d'une réputation pour tout ce qui est joli et élégant, sont vraiment parcimonieux, et il est aussi naturel pour un Français d'amasser son argent qu'il l'est pour un chien d'enterrer son os, tandis qu'un Néerlandais ou un Allemand peuvent grandir . riche avec un salaire qui maintient un Américain toujours au bord de la faillite.

Il y a quelque temps, Lord Derby a déclaré : « Les Anglais constituent la race la plus extravagante du monde, ou, du moins, ils ne sont surpassés que par les Américains. » Et le « dépassement » dans ce sens est si évident pour quiconque connaît les deux pays qu'il n'est pas nécessaire de le démontrer : un foyer américain, même dans les classes moyennes, étant une école modèle pour gaspiller le plus d'argent pour le moins possible. Retour.

Les femmes américaines ont une réputation mondiale pour leurs dépenses somptueuses, mais elles ne sont pas plus extravagantes que les hommes américains. Si l'un dépense de l'argent en belles toilettes et en divertissements magnifiquement mornes, l'autre le jette sur la pelouse, aux cartes ou au billard, ou dans des prodigalités masculines encore plus répréhensibles. Dans la plupart des maisons à la mode, le mari et la femme sont également extravagants et la bougie brille aux deux extrémités.

Pour les étrangers, l'extravagance la plus remarquable des Américains concerne les fleurs . Hiver comme été, les femmes aux moyens très modestes doivent avoir des fleurs pour leur ceinture. Ils paieront cinquante cents pour une rose ou deux alors que les demi-dollars ne sont en aucun cas abondants, et c'est un si joli goût féminin qu'aucun homme n'a le cœur de s'en plaindre ; seulement, si les femmes elles-mêmes additionnaient la somme d'argent dépensée dans ce luxe passager, disons pendant trois mois, elles s'étonneraient de leur propre inconscience.

Car de tous les plaisirs, acheter des fleurs est le plus éphémère ; avant la fin de la journée, les bourgeons fanés sont jetés dans la charrette à ordures, et l'argent aurait tout aussi bien pu être jeté dans la rue.

Quant aux sommes dépensées en décorations florales lors de mariages, de funérailles, de théâtres, de bals et de dîners, il faut présumer que ceux qui gaspillent ainsi des centaines de dollars en articles inutiles en quelques heures ont ces centaines de dollars à jeter. et qu'ils aiment le passe-temps de fabriquer des canards et des drakes fleuris avec leur argent. Mais s'ils n'en profitent pas, pourquoi n'imitent-ils pas l'économie de Beau Brummel, qui, contraint par ses dettes à faire des sacrifices de luxe, résolut de commencer à se retrancher en réduisant l'eau de rose pour son bain ?

Les grandes dépenses florales sont tout aussi fantastiques qu'une extravagance, car si les fleurs avec modération sont belles, elles sont vulgaires et même désagréables dans l'excès. Les Grecs, qui ne se trompaient pas en matière de beauté et de forme physique, se contentaient d'une guirlande et d'une rose pour leur coupe de vin. Ils n'auraient jamais dansé, fêté et épousé dans un charnier de fleurs mourantes.

Notre dressing et nos repas se font à la même échelle immense. Lucullus pourrait présider nos fêtes, et les reines envieraient les bijoux et les costumes de nos femmes. Peut-être que la taille du pays et ses possibilités transcendantes dans toutes les directions incitent instinctivement ceux qui en ont les moyens à dépenser sans compter. Les gens qui vivent sous un ciel haut et lumineux et dont les horizons sont vastes et étendus s'imprègnent d'une largeur d'expression qui ne se contente pas de simples mots ; et si nous considérons notre extravagance de cette manière, nous pouvons la considérer comme un trait national , développé à partir de notre position et de nos avantages naturels.

Bien sûr, il est facile de dire que les Américains sont somptueux parce que, comme le dit le Dr Watts, « c'est dans leur nature » de l'être, mais la véritable raison de ce luxe excessif des deux ou trois dernières décennies se trouve dans l'augmentation rapide des riches vulgaires, toute dernière classe digne de notre imitation. Les bévues absurdes du pauvre homme qui trouve du pétrole ne sont-elles pas un sujet commun de plaisanteries et d'histoires ?

Un étalage abondant sera probablement la seule grâce sociale que les nouveaux riches pourront dispenser. Ainsi donc, si la richesse augmente plus rapidement que la culture, elle est sûre, dans la nature même des choses, d'être dilapidée avec ostentation ; car les hommes dont l'esprit est rabougri, n'étant aptes à rien d'autre, jetteront leur argent dans des cartes, des chevaux ou toute autre forme de dissipation à la mode ; et les femmes, dans le même état d'incomplétude mentale, ne sachant rien d'autre que s'habiller et danser, lorsqu'on leur impose la richesse, ne pourront en trouver de meilleur usage que de s'habiller et de danser d'autant plus ostensiblement.

Cet amour insensé de l'étalage, une fois inauguré dans une ville ou dans une petite ville, est susceptible de prendre le dessus : d'abord parce que tous les snobs y répondront ; Deuxièmement, parce que les gens sensés savent qu'ils ne peuvent pas lancer un mouvement de réforme sans se rendre impopulaires et sans s'exposer à beaucoup de problèmes et à de grandes dépenses.

Car, si extravagante que soit la machinerie sociale, elle a l'énorme avantage d'être là, et peu de gens peuvent se permettre de vivre contre elle. Car faire comme tout le monde et suivre le courant est bien plus facile que de donner de bons exemples que personne ne veut suivre. En effet , il faut un énorme effort de courage, de réflexion, de peine, de temps et d'énergie pour réduire un établissement qui a été extravagant à une base plus économique.

La justification des dépenses privées extravagantes se trouve dans la nécessité d'une classe qui ait le loisir d'encourager les goûts intellectuels et les ambitions de la nation. Et cet objectif pourrait être atteint si seulement les choses pouvaient être arrangées de telle sorte qu'une pluie d'or tombe sur les bonnes personnes, au bon endroit et au bon moment.

Mais la richesse n'est pas plus pour les dignes que la race ne l'est pour les forts, et c'est pourquoi elle trouve souvent des débouchés pour une dispersion qui n'a aucune justification et dont le seul objet est cette vie sensuelle dépeinte dans « Lothaire », de belles maisons, de grandes maisons . des suites, des vêtements coûteux, des clubs, des yachts, des conservatoires, etc., etc., — en fait une existence sans feuille de rose froissée, qui ferait de l'homme un mélange de sybarite et de satyre. De tels spécimens d'humanité peuvent occasionnellement être trouvés en Amérique, mais ils ne constituent pas encore une classe distincte et il est peu probable qu'ils le deviennent dans notre société en constante évolution, en constante évolution. En effet, au milieu des efforts sincères, des aspirations intellectuelles et des merveilles mécaniques de la vapeur et de l'électricité qui nous entourent, un semi-monstre du type Lothaire serait aussi incongru qu'un faune sur l'Avenue ou un temple païen au milieu de Broadway.

Si seulement nous prenions la peine d'examiner les faits sous nos yeux, nous aurons constamment dans nos villes universitaires la preuve que la haute culture et la modération dans l'habillement et la vie vont de pair. Prenez Cambridge, Massachusetts, par exemple ; sa meilleure société est singulièrement sans ostentation, et les épouses et les filles de ses dignitaires instruits reçoivent sans extravagance et recherchent le respect et l'admiration d'un point de vue plus élevé que leurs parures vestimentaires.

Devons-nous porter le deuil ?

C'EST une question qui, depuis les premiers jours du christianisme, a parfois agité l'Église. Elle était particulièrement dominante dans les premiers siècles, lorsque toute divergence par rapport aux rites juifs ou païens était presque un acte de foi. Or, les Juifs, après la mort de leurs proches, portaient des sacs pendant leur temps de deuil, qui durait de sept à quarante jours. Ils s'assirent par terre et mangèrent leur nourriture de la terre ; ils ne s'habillaient ni ne faisaient leur lit, ni n'entraient dans le bain, ni ne saluaient personne . Cet excès de chagrin durait rarement longtemps ; puis une grande fête fut organisée pour les amis survivants des morts ; ou bien le pain et la viande étaient placés sur sa tombe au profit des pauvres. (Tobit iv. 17 ; Eccles. xxx. 18 ; et Baruch vi. 27.)

Il était naturel que le chrétien, avec l'espérance placée devant lui, s'oppose à cette douleur désespérée, et l'on retrouve saint Jérôme louant ceux qui l'ont en partie abandonné ; tandis que Cyprien déclare qu'il a reçu « l'ordre par révélation divine de prêcher que les chrétiens ne doivent pas se lamenter sur leurs frères délivrés du monde, ni porter d'habits de deuil pour eux, puisqu'ils étaient partis pour revêtir des vêtements blancs, ni donner occasion aux incroyants en se lamentant. ceux qui sont perdus et que nous affirmons être avec Dieu.

À mesure que l'Église abandonnait sa simplicité pour s'orienter vers des formes et des cérémonies, les vêtements de toutes sortes, et pour tous les usages et toutes les occasions, gagnèrent en importance ; et la première protestation sérieuse contre les vêtements de deuil vint des Quakers. Pour ces hommes et femmes spirituels , il semblait absurde de porter des vêtements noirs pour ceux qu'ils croyaient avoir revêtus d'un blanc éternel. La majorité des premiers méthodistes partageaient la même opinion, quoique sous une forme moins positive. Il est remarquable, cependant, que les chrétiens soient les seuls à revêtir des vêtements noirs tristes et désespérés qui semblent dénoter non seulement la perte de vies, mais aussi la fin de l'espoir. L'Egypte ancienne portait du jaune à la mémoire de ses amis disparus ; les Grecs et les Romains utilisaient des vêtements blancs pour le deuil ; les Chinois consacrent aussi le blanc aux services de la mort, et les mahométans portent du bleu, parce que c'est la couleur des cieux visibles.

C'est pourquoi je demande : si nous devons porter une robe distincte pour symboliser notre chagrin, pourquoi du noir ? Le noir est désormais devenu répréhensible parce qu'il a perdu toute la signification sacrée qu'il possédait autrefois. Ce n'est plus la livrée du chagrin. La belle blonde le porte parce qu'il met en valeur son teint fin ; la brune, parce qu'elle admet les contrastes vifs qui conviennent si bien à sa brillante beauté. Les prudents le portent parce qu'il est économique et distingué ; et toutes les femmes savent qu'il confère grâce et dignité et qu'il drape magnifiquement ; ainsi, pour ces raisons et bien d'autres, il est devenu au cours des cinquante dernières années un vêtement de tous les jours, tout aussi susceptible d'exprimer la vanité que le chagrin.

Les raisons avancées par les Quakers pour son abandon couvrent le terrain et méritent au moins notre considération. Ce sont les suivantes : Premièrement, le deuil a son origine dans un état de barbarie, et avant la révélation de « la vie éternelle par Jésus-Christ », et ne doit donc pas être observé dans les pays civilisés et christianisés. Deuxièmement, les pièges du chagrin sont puérils là où le chagrin est réel, et moqueurs là où il ne l'est pas. Troisièmement, les vêtements de deuil sont absolument inutiles : car s'ils sont destinés à nous rappeler notre affliction, le véritable chagrin n'a pas besoin d'un tel rappel ; si faire remarquer notre chagrin aux autres, c'est une impertinence, car le vrai chagrin court la réclusion ; et ne serait-ce qu'en guise de consolation, ils ne sont puissants que pour rappeler un passé irrévocable. Quatrièmement, leur inconvénient : trop souvent, la maison de la mort est transformée par eux en un atelier occupé ; et les âmes courbées par le chagrin sont amenées à s'inquiéter des ornements de deuil et à devenir de la mauvaise herbe. Cinquièmement, leur mauvaise influence morale : la grâce du costume apaise la douleur que devrait apaiser la religion ; et comme dans une famille nombreuse il doit y avoir beaucoup de personnes en deuil pour la forme seulement, l'équivoque vestimentaire est une sorte d'équivoque morale. Sixièmement, leurs dépenses. C'est vraiment un poste important dans les ressources des pauvres, et il se réduit souvent pendant des années ; en plus, à l'heure de leur désolation, ils étaient si inquiets et anxieux au sujet du revêtement du corps qu'ils manquaient toutes les leçons que Dieu destinait à l'âme.

Les partisans du deuil plaident pour que le ciel soit voilé de noir à la mort du Christ ; et l'universalité et la continuité de la coutume, à toutes les époques, dans tous les pays et dans toutes les confessions. Je suis conscient que le sujet est un sujet dans lequel les étrangers ne peuvent pas se mêler ; la question, quand elle se pose, doit être réglée par chaque cœur individuellement. Mais du moins, s'il faut porter des vêtements de deuil, ne déjouons pas tous les arguments en leur faveur en les confectionnant dans les étoffes les plus riches et de la manière la plus élégante. Il s'agit de les considérer comme la plus mince des moqueries. Et après tout, si nous approuvons le deuil et souhaitons que nos amis se souviennent de nous après la mort, ne pouvons-nous pas trouver un meilleur moyen que le crêpe et la bombazine ? Oui, le crêpe et la bombazine s'usent et doivent enfin être abandonnés ; mais le « mémorial de la vertu est immortel. Quand elle est présente, les hommes en prennent exemple, et quand elle est partie, ils la désirent : elle porte une couronne et triomphe pour toujours.

Comment faire prendre son portrait

SE FAIRE photographier n'est plus un événement isolé dans la vie. C'est devenu une sorte de devoir domestique et social auquel, même si l'on s'y oppose personnellement, on doit se soumettre gracieusement, à moins de s'exposer à l'odieux de négliger les souhaits de son entourage familial et les demandes élogieuses de ses connaissances.

Il semblerait à première vue que rien de plus simple que d'aller chez un photographe et d'obtenir une bonne ressemblance. Rien n'est vraiment plus incertain et plus décevant. En feuilletant les albums de nos amis, que de fois nous croisons des visages de connaissances et ne les connaissons pas du tout ! Comment est-ce? Tout simplement parce qu'au moment où la photo a été prise, l'originale ne ressemblait pas à elle. Elle était nerveuse, sa tête était vissée dans un étau, sa position avait été choisie pour elle, et on lui avait ordonné de regarder à un endroit indiqué et de rester immobile. Une telle position ne ressemblait à rien dans sa vie réelle, et l'expression de son visage était tout aussi étrangère. Les traits étaient peut-être parfaitement corrects, mais il manquait ce quelque chose d'impénétrable qui individualise le visage.

Or, si les commodités de la vie sociale nous obligent à faire réaliser nos tableaux, « autant qu'ils soient bien faits », et une grande partie de cette fin dépend du choix et du pouvoir du modèle.

D'abord quant à la sélection de l'artiste. C'est une grave erreur d'imaginer que la photographie est un simple métier mécanique. Il y a autant de différence entre deux photographes qu'entre deux graveurs. Un objectif de qualité ne produira pas non plus à lui seul une bonne image. La pose du modèle, la disposition des lumières et des ombres, la disposition des draperies sont de la plus haute importance. Un bon artiste dispose d'un pouvoir presque illimité dans ce sens. Il peut affiner certaines parties en les plongeant dans les demi-teintes ou en enfouissant leur contour dans l'ombre, et il peut approfondir et augmenter d'autres parties en les entourant de lumière. Ainsi, si la tête est trop petite pour la beauté, il peut augmenter sa taille en projetant la lumière sur le visage ; et s'il est trop grand, il peut le diminuer en choisissant une teinte qui jetterait dans l'ombre la moitié du visage.

Si l'artiste dispose d'un objectif qui change perpétuellement de focalisation, le résultat est un portrait dont les contours sont délicatement doux et indéfinis. Une *lentille de vue* , ou parfaitement plate, prend près de deux minutes pour compléter la ressemblance, et la conséquence est que le modèle bouge légèrement et que la douceur requise est obtenue de manière accidentelle. Il est donc évident que les photos prises les plus rapidement ne sont pas nécessairement les meilleures. Alors les hommes ont cent aspects différents, et saisir le meilleur et le reproduire est la fonction du génie, et non de la chimie.

Après avoir choisi un bon artiste et un artiste dont la position lui a permis de se procurer les meilleurs outils, le prochain devoir du modèle concerne elle-même et son costume. En photographie, un bon portrait peut être complètement annulé par le choix de mauvaises couleurs vestimentaires. La parure est la malédiction de l'artiste, mais s'il travaille à l'huile , il peut la laisser de côté ou l'atténuer. En photographie, comme le modèle vient, il faut aussi le prendre, avec toutes ses excellences ou ses imperfections sur la tête.

Les couleurs les plus lumineuses à l'œil, comme le rouge, le jaune, l'orange, sont presque sans action ; le vert agit faiblement ; le bleu et le violet sont reproduits très rapidement. Si donc une personne au teint très clair était prise en vert, orange ou rouge, les lumières seraient très proéminentes et le portrait manquerait d'énergie et de détails. La meilleure de toutes les robes est la soie noire, *la soie* , non la bombazine, ni le mérinos, ni aucun mélange cotonneux, car l'effet admirable dépend de l'éclat de la soie, qui la rend pleine de lumières tamisées et réfléchies qui donnent du mouvement et du jeu à la soie. la draperie. Une robe d'un noir mortel sans ce reflet serait représentée par une tache uniforme ; une robe blanche ressemble à une pellicule plate de cire ou à un morceau de carton ; mais une combinaison de filet noir ou de dentelle sur du blanc est très efficace, bien que rarement osée. Une douceur et une profondeur de couleur admirables sont données aux photographies par la peau de phoque et le velours.

Le teint doit être considéré avec la tenue vestimentaire. Les blondes peuvent porter des couleurs beaucoup plus claires que les brunes. Les brunes font toujours les meilleures photos lorsqu'elles sont prises dans des robes sombres, mais ni les blondes ni les brunes ne sont belles en blanc positif. Existe-t-il des photos aussi universellement laides que celles de mariage ? Tous les contrastes violents de couleurs gâtent un tableau et doivent être particulièrement prévenus ; et les bijoux donnent un air de vulgarité.

Ce sont les blondes qui souffrent le plus sur les photos ; leurs cheveux d'or perdent tout leur éclat, et leurs yeux bleus, si beaux pour le poète, sont une perplexité pour le photographe. Avant d'affronter l'objectif, les blondes devraient poudrer leurs cheveux jaunes presque blancs ; on lui donne ensuite à peu près la même teinte photographique que dans la nature.

Les taches de rousseur, qui ne constituent pratiquement aucune imperfection sur le visage naturel, deviennent, en raison de leur teinte jaune, très désagréablement distinctes sur une photo et donnent souvent au visage un aspect nettement tacheté. Ils se déguisent facilement pour l'occasion. Il devrait y avoir dans le vestiaire de chaque atelier un mélange d'un peu d'oxyde de zinc et glycérine ; celui-ci doit être dilué avec de l'eau de rose jusqu'à obtenir la consistance d'une crème et appliqué sur le visage avec un morceau d'éponge avant le processus de photographie. Il laisse à la peau une délicate couleur blanche et masque toutes les taches de rousseur et décolorations. Qu'une dame avec des taches de rousseur essaie sa photo d'abord sans ce mélange, puis de nouveau après l'éponge et le cosmétique, et la valeur du reçu sera immédiatement appréciée. Son utilisation est préconisée depuis longtemps par le *British Journal of Photography* .

En relation avec ce fait , nous pouvons offrir quelques conseils aux femmes dont la peau est sujette au bronzage et aux taches de rousseur lorsqu'elle est exposée au soleil d'été. Le bleu est, de toutes les couleurs, la plus facilement affectée par la lumière ; et le jaune est, de toutes les couleurs, la moins susceptible d'y être sensible. Si donc on désire un teint fin, le voile bleu doit être rigoureusement écarté, aussi convenable soit-il. Le vert pourrait prendre sa place, mais un petit filet jaune serait mieux pour sauver un teint délicat que tous les lavis et Kalydors jamais inventés. Les taches de rousseur et le bronzage ne sont rien d'autre que le noircissement des sels de fer présents dans le sang par l' action de la lumière ; et comme le bleu est, de toutes les couleurs, la plus facilement affectée, comme nous l'avons dit, chacun peut voir combien un voile bleu doit être destructeur pour une peau fine par temps ensoleillé.

Si la photographie doit être coloriée, la teinte du costume n'a pas beaucoup d'importance ; mais on peut toujours garder à l'esprit que des vêtements légers et bien ajustés augmentent la taille de la tête, des mains et des pieds, et qu'une robe ample et fluide rend ces parties légères et délicates. L'avantage de colorier les photographies est très grand, si l'artiste est habile et judicieux, car cette *dureté* des contours, qui est plus artificielle que naturelle, peut être dans une grande mesure corrigée par un pinceau astucieux ; seulement, objectez toujours aux couleurs *unies* ; seules les aquarelles les plus transparentes doivent être utilisées. Cependant, la question est controversée de savoir si la coloration artificielle, aussi bien réalisée soit-elle, améliore les photographies, car elle les prive certainement, dans une certaine mesure, de cette précision et de cet air de pureté qui sont les revendications distinctives de l'art. Le prochain perfectionnement de cette méthode d'éclaircissement des visages sera sans doute de contraindre le soleil, source de toutes les couleurs, à peindre les tableaux qu'il dessine ; et un certain nombre de faits récents indiquent que cette amélioration est très probable dans un court laps de temps.

Ne vous permettez jamais d'être la figure profane des paysages idéaux d'un photographe. Le découpage d'un portrait avec des balustrades, des piliers et des parterres gais est fatal à l'effet de la figure, qui devrait être le seul objet qui frappe le regard. Aucun portrait photographique n'est aussi beau qu'un portrait avec un fond parfaitement uni, mais si un accessoire est souhaité, veillez à ce qu'il ne tourne pas le personnage central en ridicule. Si vous avez toujours vécu dans une demeure modeste, ne vous laissez pas entraîner dans des salles de marbre ou au milieu de splendides domaines imaginaires. Les jeunes filles qui lisent en costume de soirée, avec de l'eau et des cygnes derrière elles, ou qui se tiennent debout dans des soies et des dentelles traînantes dans un col de montagne, sont déjà assez ridicules. Nous avons vu il y a quelques jours le visage d'une charmante jeune fille regardant hors d'un panier de Champagne. La photo a été prise de manière artistique, mais la vanité extravagante des environs, totalement en contradiction avec le caractère de l'original, a complètement gâché l' image . Nous pensons également à une belle célèbre assise dans des toilettes élaborées dans une pièce remplie de livres et de matériel pour écrire et étudier, même si tout son petit monde sait qu'elle ne lit jamais que le plus léger des romans et n'écrit jamais autre chose qu'une invitation. ou une lettre d'amour. Les actrices incarnées peuvent avoir besoin d'un arrière-plan artificiel élaboré pour renforcer l'illusion, mais les dames privées, en règle générale, sont infiniment plus belles sans cet arrière-plan.

Dans les portraits de dames, il faut penser à la mise en valeur de la beauté. Ceci, dans une photographie, est, dans une large mesure, une question de lumières et d'ombres, et de leur répartition. Pour chaque visage, il y a une lumière et une ombre à sélectionner spécialement pour celles qui le mettront en valeur le mieux. La lumière la plus convenable est au niveau du visage, ou même légèrement en dessous, car c'est une grave erreur de supposer que les projecteurs sur la scène sont inconvenants. Une lumière supérieure, comme celle que nous obtenons dans les salles photographiques ordinaires, augmente la projection du front et projette une ombre profonde sur les yeux. L'arête du nez, la lèvre inférieure et le menton se séparent , pour ainsi dire, en lumière claire, du reste du visage, et un tel effet est très inconvenant et inapproprié pour une jeune fille.

Si les traits sont saillants, une lumière claire et brillante augmente très nettement cette proéminence et confère également à l'expression une dureté particulière qui n'a probablement aucune existence dans le modèle. Insistez donc pour que, dans la mesure du possible, la lumière d'en haut soit supprimée et qu'une lumière de côté soit utilisée.

Il y a autant de caractère dans la figure humaine que dans le visage ; par conséquent, les portraits en pied sont les meilleurs, car ils ajoutent à la ressemblance du visage l'attitude et les particularités du personnage. Si le portrait est de taille moyenne, l'attitude doit indiquer la position des membres inférieurs. Dans les portraits en buste, la tête est tout, le buste ne fait que soutenir et indiquer sa taille et ses proportions. Mais la tête ne doit jamais être représentée sans le buste, car l'effet d'un pareil portrait est un manque total d'unité ; il n'offre aucun point de comparaison permettant de juger le reste du corps , ce qui est d'une grande importance, car c'est l'un des caractères les plus frappants de l'individu.

Une *carte de visite* est une ressemblance plus agréable qu'une carte plus grande, parce qu'elle est prise avec le milieu de l'objectif, là où elle est la plus vraie ; il n'est donc jamais hors du dessin. En outre, il cache plutôt qu'il n'exagère toute rugosité du visage ; et, encore une fois, son prix est si modéré que nous pouvons nous permettre de distribuer généreusement les images.

Les photographies ont mauvaise réputation en termes de durabilité, et lorsque nous parcourons nos albums et voyons celles qui étaient autrefois fortes et expressives maintenant pâles et fanées, nous sommes obligés d'admettre que leur beauté est évanescente. Mais cet inconvénient est en grande partie la faute de l'artiste. Rien dans la constitution chimique des photographies, formées par la combinaison des métaux précieux, ne les rend évanescentes. Le problème réside dans le dernier processus par lequel ils passent. Ce processus les laisse imprégnés d'un produit chimique destructeur, et l'élimination de toute trace de celui-ci est une chose difficile et fastidieuse. Pour être terminés efficacement, les tableaux doivent être baignés pendant une journée dans une bonne eau constamment agitée et changée. Les artistes jaloux de leur art et de leur réputation personnelle insistent pour que ce processus soit soigneusement suivi, mais chez les photographes inférieurs, la tentation de le négliger est très grande, d'autant plus que dans de nombreux cas, le produit chimique vicieux ajoute à l'éclat actuel de l'image. . Ils sont en outre tentés par l'impatience des modèles, souvent importuns pour une finition immédiate de leurs tableaux. Mais si l'on souhaite un portrait durable, les femmes doivent laisser à l'artiste le temps de nettoyer correctement leur photographie.

Pour la grande majorité des gens , le premier entretien avec leur portrait photographique est une grande déception. Ils s'expriment par un silence éloquent, le tournent d'un côté et de l'autre, le tiennent de près et de loin. Au bout d'un moment, ils s'y habituent dans son cadre de velours, même s'ils n'en reconnaissent jamais la véracité dans leur cœur. Il y en a encore d'autres à qui la photographie est très favorable, et qui se montrent avec plus d'avantages dans leurs images que jamais dans la réalité. Ces derniers sont des personnes dont les traits sont bien équilibrés et proportionnés, mais qui ne sont généralement pas considérées comme belles. Les visages dont la beauté dépend de leur mobilité et de leur expression souffrent le plus et sont en effet, dans leurs humeurs les plus fines, presque intraduisibles par ce processus.

Mais, mis à part toute considération artistique, les portraits photographiques ont une grande valeur sociale, non seulement parce qu'ils indiquent fidèlement le *personnel* de leurs modèles, mais parce qu'ils représentent si fidèlement les textures qu'on peut se faire une très bonne idée à partir d'une *carte de visite* des lieux . position sociale du modèle et, accessoirement, de la coupe, du style et de la matière de la robe, une très bonne idée également de leur calibre moral .

Beaucoup de choses sont permises dans les portraits photographiques – qui peuvent être repris tous les quelques mois – qui seraient à juste titre dépréciées dans un portrait à l'huile fini destiné à transmettre des maisons et des terres aux générations à naître. Dans un tel tableau, toute intrusion de l'imagination est une impertinence si elle se fait au moindre détriment de la vérité.

La grande valeur d'un portrait à l'huile est la suivante : la lumière divine, presque intangible, de l'expression qui plane sur le visage est saisie par l'habileté et l'intellect vivants et emprisonnée dans les couleurs. Le modèle n'est pas photographié à un moment particulier, où ses yeux sont fixes et ses muscles rigides, mais au cours d'une étude libre de plusieurs heures, les caractéristiques du visage sont apprises et une expression heureuse est capturée et fixée pour toujours. C'est ce qui donne au portrait sa valeur particulière et fait passer les portraits photographiques ordinaires du domaine de l'art à celui du mécanisme.

Les artistes ont différentes manières de traiter leurs modèles. Certains les jettent dans une attitude semblable à celle de Sir-Joshua et les mettent dans un contexte de Gainsborough. D'autres parcourent le visage partout et le tracent comme une carte, en prenant les élévations de chaque grain de beauté et de chaque fossette. Mais chaque fois qu'un artiste ne se sent pas en sécurité loin de son compas et ne peut pas se faire confiance, les modèles ne devraient pas lui faire confiance.

Il y a un vrai plaisir à s'asseoir devant un maître dans son art, une vraie lassitude et un vrai dégoût à s'asseoir devant un débutant. Il ne faut pas oublier que non seulement la meilleure expression doit être saisie, mais que les *traits* de n'importe quel visage varient tellement en fonction des changements physiques et des humeurs mentales que leurs différences peuvent en fait être mesurées avec une règle au pied. Un artiste ordinaire mesurera ces distances ; un artiste extraordinaire captera leurs effets subtils, et en dessinera les traits ainsi que l'expression au meilleur de leur forme.

Un très beau portrait à l'huile devrait être aussi beau de près que de loin.

Ne permettez à aucun artiste d'omettre les défauts qui contribuent au caractère de l'original ; laid ou joli, à moins qu'un portrait ne soit une ressemblance, il ne vaut rien. Il y a des artistes très intelligents qui ne peuvent pas peindre un véritable portrait, parce qu'ils laissent chaque tableau évoquant eux-mêmes. Ainsi Bartolozzi en gravant les têtes de Holbein, a tout fait Bartolozzi . Mais dans un portrait, l'individualité du modèle doit imprégner et usurper toute la toile, de sorte qu'en la regardant, nous ne pensons qu'à la personne représentée et oublions complètement l'artiste qui l'a présenté à nous.

C'est un axiome que tout portrait en pied nécessite un rideau et une colonne, chaque demi-longueur une table, chaque kit-kat un visage complet. Mais de telles règles trahissent sûrement le manque d'invention. On ne peut pas dire que toutes les bonnes positions ont été épuisées. Pourquoi chaque portrait ne devrait-il pas être traité comme une partie d'un tableau historique dans lequel la position, le contexte et les accessoires du modèle produisent le ton et le sentiment les plus adaptés à sa vie ordinaire ? Raphaël, dans son portrait de Léon dixième, présente une étude fidèle de ces subordonnés. Il y a un livre de prières avec des miniatures, une cloche sur la table et un miroir au dossier de la chaise reflétant toute la scène. L'un des portraits les plus charmants de Rembrandt est celui de sa mère se coupant les ongles avec une paire de ciseaux.

Ne laissez jamais un artiste insulter ou cacher sa main. La main est un élément plein de beauté et d'individualité. Quiconque a remarqué comment Vandyck a étudié et développé ses particularités, quelle beauté et quelle expression il lui a donnée, ne sous-évaluera plus jamais sa puissance en tant qu'exposant de la personnalité.

Les portraits d'hommes ou de femmes occupant des postes importants doivent toujours porter au dos leur nom et celui de l'artiste. Si cela avait été fait dans le passé, combien de portraits anonymes, aujourd'hui de peu de valeur, seraient tenus en haute estime ! Depuis Henri VIII jusqu'à Charles Ier, il était d'usage d'insérer dans un coin les armoiries du personnage représenté. En effet, cela ne permet pas d'identifier avec précision l'individu, mais cela facilite sa détermination. Il existe un chef-d'œuvre de Vandyck à la National Gallery of England qui porte le nom de « Gevartius ». Mais personne ne sait qui était Gevartius . Voici une tête de vieil homme rendue mémorable à jamais , une tête qui serait considérée comme bon marché à 10 000 $ et qui, si elle était à vendre, attirerait les connaisseurs de toutes les parties du monde civilisé, et elle est sans nom. Combien plus précieux et intéressant serait-il si son histoire était connue ! Aucun sentiment de pudeur ne devrait donc empêcher des personnages éminents de garantir l'identité de leurs images. Imaginons une image d'Abraham Lincoln et une autre du professeur Morse dans deux cents ans, avec le nom attaché dans un cas, et une simple tradition d'identité dans l'autre, et il sera facile d'évaluer la différence de valeur.

Les Américains ont été accusés d'avoir un goût excessif pour le portrait ; le goût a son fondement dans le caractère de la nation. Cela correspond à cette estimation de la valeur personnelle d'un homme et à cette pleine appréciation de l'indépendance individuelle, qui forment des éléments si importants dans notre caractère national.

———————————————————

La couronne de beauté

LA gloire et la couronne de la perfection physique sont de beaux cheveux. Vénus ne nous charmerait pas si elle était chauve, et ni poète, ni peintre, ni sculpteur n'oseraient nous donner un « sujet » auquel manquerait ce charme, le charme de tous les autres charmes. Ce n'est pas non plus une fantaisie moderne. Homère, lorsqu'il faisait l'éloge d'Hélène, l'appelle « Hélène aux beaux cheveux », et Pétrone, dans son célèbre tableau de Circé, fait grand cas des « mèches traînantes ».

La beauté des cheveux longs chez la femme semble n'avoir jamais été contestée, et ils étaient également très largement acceptés comme une marque de force et de beauté masculine. Saint Paul, il est vrai, dit que c'est une honte pour un homme d'avoir les cheveux longs, mais son opinion ne doit pas être prise sans réserve, car les traditions de la poésie et de la peinture donnent au Sauveur et aussi au Disciple bien-aimé, longues mèches de cheveux bruns bouclés. Les guerriers grecs et la plupart des nations asiatiques étaient fiers de leurs cheveux longs, et les Romains leur donnaient une grande importance en en faisant l'insigne de l'homme libre. César dit aussi clairement qu'il obligeait toujours les hommes d'une province qu'il avait conquise à se raser les cheveux en signe de soumission.

Les dirigeants saxons et danois de l'Angleterre étaient également célèbres pour leurs longues mèches jaunes, et la mode s'est poursuivie avec peu ou pas d'interruption jusqu'à la dynastie des rois Tudor. Ils affectaient, pour une raison ou une autre, les cheveux courts ; et « King Hal » doit sans aucun doute son « look bluff » à la récolte courte et épaisse qu'il portait. La mode s'est même étendue aux femmes de cet âge, et leurs visages représentés, avec leurs cheveux cachés sous une *coiffe* , ont un aspect des plus durs, raides et peu charmants. Sous les Stuart, les cheveux longs et flottants redeviennent à la mode auprès du parti royaliste, qui fait de ses « love locks » le signe et l'emblème de sa fidélité. Au contraire, les puritains ont fait des cheveux courts un principe de foi et une partie de leur credo. Au cours des dix dernières années, les cheveux sont redevenus le signe d'un sentiment politique, car, pendant la guerre civile, les femmes du Sud favorables à la Confédération portaient une longue boucle derrière l'oreille gauche, tandis que celles en faveur de l'Union en portaient une derrière chaque oreille. oreille.

Au cours du siècle dernier, les hommes ont progressivement coupé leurs cheveux de plus en plus courts. Ils prétendent, bien sûr, que la mode dicte l'ordre ; mais il est permis à une femme de douter que la nécessité n'ait pas d'abord dicté la mode. Certes , les dames préfèrent chez les hommes des cheveux moyennement longs, épais et bouclés au style pénitentiaire de l'année dernière. Et supposons qu'ils puissent avoir les cheveux longs, mais les couper pour leur propre confort, la loi en dit très peu sur leur bravoure. Je n'ai pas besoin de souligner les chignons, les tresses et les artifices dont les femmes se servent pour allonger leurs cheveux afin de plaire aux hommes, qui refusent de leur rendre le compliment, même à un degré qui leur conviendrait grandement.

Après la longueur des cheveux, la couleur est le point qui intéresse le plus. En réalité, il n'y a que deux couleurs, le noir et le rouge. Le brun, le doré, le jaune, etc., sont intermédiaires, la différence de teinte étant déterminée par le soufre et l'oxygène ou le carbone qui prédominent. Dans les cheveux noirs, le carbone dépasse ; dans les cheveux dorés, le soufre et l'oxygène. On a insisté sur le fait que le climat détermine la couleur des cheveux ; que les blonds se trouvent au nord du parallèle 48° ; cheveux bruns entre 48° et 45° ; qui comprendrait le nord de la France, la Suisse, la Bohême, l'Autriche, et toucherait la Géorgie et la Circassie, le Canada et la partie nord du Maine ; et qu'au-dessous de cette ligne se trouvent les races aux cheveux noirs d'Espagne, de Naples, de Turquie, etc., etc. Mais cela est facilement réfutable. Prenez par exemple le parallèle 50° et suivez-le autour du monde. On peut y trouver l'Européen aux cheveux bouclés et dorés ; les cheveux noirs et raides des Mongols et des Indiens d'Amérique, et encore, au Canada, cela nous donnera la blonde Saxonne. C'est donc la race, et non le climat, qui détermine la couleur. J'ai tendance à penser aussi que le tempérament y est pour quelque chose, puisque nous trouvons des Celtes aux cheveux noirs , des Vénitiens aux cheveux dorés et des Juifs blonds et noirs.

Les anciennes nations civilisées admiraient passionnément les cheveux roux. Les Grecs, les Romains, les Chinois, les Turcs et les Espagnols l'ont offert à leurs guerriers et à leurs beautés. D'une manière ou d'une autre, parmi la race anglo-saxonne, il a une mauvaise réputation. Dans les romans comme dans les pièces de théâtre, il est courant de qualifier le coquin de l'intrigue de « méchants cheveux roux » ; et dans l'école anglaise des peintres, le traître Judas s'en distingue généralement. En Orient, le noir est la couleur préférée et les Perses détestent les femmes rousses. Les cheveux châtain clair ou dorés sont les favoris universels. Les Grecs l'ont donné à Apollon, Vénus et Minerve. Les Romains en avaient une telle passion qu'à l'époque de l'Empire, les cheveux clairs importés d'Allemagne (pour confectionner les perruques des dames romaines) se vendaient pour leur poids en or. Les Allemands eux-mêmes, non contents des beaux cheveux que la nature leur avait donnés, fabriquaient un savon à base de suif de chèvre et de cendre de hêtre pour en raviver la couleur. Homère aimait les « blondes », et Milton et Shakespeare regorgent de beautés aux cheveux d'or, tandis que les pages du romancier et les galeries de peintres anciens et modernes témoignent de la même préférence.

Lavater insiste beaucoup sur la couleur des cheveux comme indice de disposition. « Les cheveux châtains, dit-il, indiquent l'amour du changement et une grande vivacité ; cheveux noirs, passion, force, ambition et énergie ; cheveux blonds, douceur, tendresse et jugement.

La mode a habillé les cheveux de nombreuses formes absurdes et aussi de nombreuses formes belles ; mais malgré tous les changements, les boucles, flottant librement et naturellement, ont eu une majorité d'admirateurs. Quelqu'un dit que « de tous les revolvers pointés sur le cœur des hommes, les boucles sont les plus mortelles », et à cause de l'instinct persistant des femmes à les conserver, je suis enclin à approuver cette affirmation. Les Arméniens et quelques autres Asiatiques tordent les cheveux en forme de mitre ; les Parthes et les Perses le laissent long et flottant ; les Scythes et les Goths le portent court, épais et hérissé ; les Arabes et leurs semblables le coupaient souvent sur la couronne. Dans le sud de l'Europe, « être dans les cheveux » est une expression courante pour les filles célibataires, car elles portent leurs cheveux longs et flottants, tandis que les matrones les enroulent en boucle à l'arrière de la tête.

Jusqu'au IXe siècle en Angleterre, la nature était à peu près à la pointe des modes en matière de coiffure ; puis on introduisit des tresses relevées de chaque côté de la joue ; et au XIe siècle, les cheveux disparurent tous sous la coiffure d'alors. Au début du XVIe siècle, les femmes ont commencé à « relever » leurs cheveux. La reine Marguerite de Navarre frissonnait et retrouvait ses abondantes mèches, tout comme le font les femmes de nos jours. La coutume, aujourd'hui répandue, de tresser les cheveux en deux longues mèches et de les attacher aux extrémités avec des rubans était également un style favori au début du XVIIe siècle. Au XVIIIe siècle , les femmes utilisaient la poudre à un point tel qu'elle détruisait presque la couleur de leurs cheveux, et au cours des cent dernières années, tout arrangement ou non-arrangement possible a bénéficié d'une faveur temporaire.

Je n'ai rien à dire sur les mœurs d'aujourd'hui. S'il est une propriété sur laquelle une femme a un droit incontesté, c'est sûrement dans ses propres cheveux ; et si elle choisit de le porter d'une manière inconvenante ou peu artistique, ce n'est certainement l'affaire de personne que je puisse comprendre. Certainement pas celles des hommes, puisque j'ai déjà montré que, soit par incapacité, soit par égoïsme, ils refusent de porter les boucles épaisses et fluides dont la nature couronne la force et la beauté masculines, et qui font l'admiration de toutes les femmes.

La majorité des femmes ont un goût naturel en la matière, et très peu sont assez stupides pour sacrifier leur beauté à la mode. Deux ou trois règles sont fondamentales dans toute disposition de la chevelure : l'une est qu'une surabondance à l'arrière de la tête donne toujours une expression animale ;

une autre, qu'il est particulièrement laid de balayer tout le front à nu. Les Grecs, autorités suprêmes en matière de beauté et de goût, n'ont jamais été coupables d'une telle atrocité. Dans toutes leurs statues exquises, les cheveux sont attachés bas. Une troisième est que les « bandes » sont la *coiffure* la plus éprouvante de toutes et ne devraient jamais être adoptées, sauf par des visages d'une beauté classique. Les ajouter à une figure ronde et joyeuse au nez rétroussé est aussi absurde que de mettre une frise dorique sur un édifice irrégulier. Une conséquence générale et positive est que tous les cheveux sont gâtés, tant en qualité qu'en couleur, par l'huilage, car cela leur enlève cette élasticité et cette légèreté qui sont leur principal charme et leur principale caractéristique ; la dernière (à laquelle je n'espère pas que les dames tiendront compte pour le moment) est de ne jamais cacher la forme naturelle de la tête.

Gaspillage de vitalité

SI nous y réfléchissons, à l'âge mûr, nous constatons que la seule grande cause qui nous écarte de l'idéal dans la vie réelle est notre risque de prendre froid. Presque tous nos plaisirs sont liés à cette probabilité, car lorsque nous avons pris froid , nous sommes bien trop stupides pour donner ou jouir du plaisir. Et il n'y a aucune philosophie liée au rhume. Les maladies graves sont pleines d'instruction et de résignation, mais qui songe à se résigner à un rhume, ou à en faire un profit profitable ?

« Chilly » est un mot qui, ces dernières années, est devenu fréquent et pitoyablement significatif sur les lèvres des personnes d'âge moyen. Ils ont peur du gel et de la neige dont ils jouissaient autrefois si vivement, et ils souffrent en réalité bien plus qu'ils ne se permettent de l'avouer.

Le plus vivifiant et inspirant de tous les climats est de 64°, mais si le verre descend à 50 °, les frileux sont misérables ; ils ressentent des courants d'air partout, surtout sur le visage, et très probablement les premiers symptômes d'une crise névralgique. À 40° – qui devait être la température hivernale de nos ancêtres – ils deviennent irritables, frissonnants et perdent toute énergie. Si la température descend en dessous de 30°, ils « prennent froid » et présentent toute l'inertie mentale et de nombreux symptômes physiques de la grippe, qui pourtant ne les a pas attaqués.

Admettons tout de suite une vérité : les jeunes et les robustes méprisent les frileux à cause de leur froideur, car l'orgueil physique existe, et c'est une chose très désagréable dans les familles. Ces pharisiens physiques recommandent toujours le processus de « dégrossissage » et de « durcissement », et ils raviraient volontiers pour les pauvres invalides la torture à l'eau froide du passé.

Sans en avoir conscience, ils sont cruels. Les personnes frileuses ne s'améliorent pas grâce aux remarques antipathiques de ceux de sang plus vif. Il ne sert à rien de leur assurer que le froid est sain et de saison. Ils ressentent vivement l' accusation à moitié plaisante de « choyer », même s'ils sont peut-être trop inertes et misérables pour se défendre.

Un exercice de marche intense est le remède toujours proposé. Beaucoup ne peuvent pas le supporter. D'autres font un effort louable pour suivre la prescription et ressentent peut-être pendant ce temps une lueur de chaleur à laquelle, dans la maison, bien que la maison soit parfaitement chauffée, ils sont étrangers. Mais une demi-heure après leur retour chez eux, le cours de la vie s'est à nouveau retiré, et ils sont aussi froids et nerveux qu'avant.

Néanmoins, ils ont vécu une expérience qui, s'ils y réfléchissent, indique leur soulagement, sinon leur guérison. Lorsqu'ils étaient dehors, ils jugeaient nécessaire de couvrir leurs pieds de bas chauds et de bottes épaisses, leur tête d'un bonnet et d'un voile, leurs mains de gants et d'un manchon de fourrure, leur corps d'une fourrure ou d'un vêtement ouaté d'un demi-pouce d'épaisseur. . Bref, lorsqu'ils sortaient , ils imitaient la nature et se protégeaient comme elle le fait pour les animaux.

Mais aussitôt qu'ils rentrent chez eux , ils découvrent leur tête et leurs mains, remplacent les vêtements chauds et lourds de leurs pieds par des vêtements plus élégants, mais beaucoup plus froids, et enlèvent complètement les vêtements épais et chauds portés à l'extérieur. Un ours qui suivrait le même parcours lorsqu'il rentrerait chez lui dans sa tanière souterraine douillette mourrait naturellement d'une maladie pulmonaire. Les nations soumises à des hivers longs et rigoureux ont appris la voie la plus naturelle et la plus excellente. Le Lapon garde sa fourrure, le Russe son vêtement de ouate, le Tartare sa peau de mouton, le Shetlandais se promène dans sa maison dans son wadmal. Ce n'est que dans notre état élevé de civilisation que les hommes et les femmes se débarrassent de la moitié de leurs vêtements lorsque le thermomètre est en dessous de zéro, puis courent au feu pour réchauffer leurs mains et leurs pieds gelés.

Si des vêtements chauds nous protègent hors de la maison, ils feront de même à la maison ; et ce n'est pas plus « dorlotant » et bien plus sensé et satisfaisant que de se recroqueviller devant une grille. Sous la coiffure, une calotte de soie est une protection des plus efficaces contre les courants d'air et préviendrait bien des crises de névralgie. Un gilet en soie ou en cuir lavé maintiendra le corps à une température plus égale que le meilleur feu. Pour la plupart des femmes d'âge moyen, un châle est un accessoire de toilette gracieux, même dans la maison, et il est capable de retenir et de transmettre beaucoup de chaleur. Lorsqu'il fait très froid après le retrait des enveloppes extérieures, ou pour toute autre cause, essayez une robe de chambre ouatée par-dessus les vêtements habituels. En cinq minutes , le confort supplémentaire sera reconnu.

Le secret est donc de maintenir le corps à sa bonne température dans la maison en adoptant des vêtements suffisamment chauds, au lieu de se fier à une atmosphère artificiellement chauffée. Personne ne sera plus susceptible de prendre froid hors de la maison parce qu'il y a eu chaud dans la maison. Il n'y a pas plus de sens à frissonner à l'intérieur pour préparer le corps à supporter le climat extérieur qu'à dormir avec trop peu de couvertures de peur d'augmenter la sensation de froid au saut du lit.

invention la plus efficace jamais conçue pour ruiner la santé. Mais il est également vrai que *la chaleur habituelle* est le meilleur conservateur de la force constitutionnelle dans l'âge mûr et dans la vieillesse ; et sans aucun doute, cela est mieux maintenu par une température de 68° et beaucoup de vêtements.

Une alimentation appropriée est une aide très importante pour se réchauffer. De nombreuses femmes qui souffrent continuellement d'un sentiment de froid, en dessous du niveau de vie sain, ont pourtant constamment à portée de main une abondance de nourriture nourrissante. Mais ils mangent un jour à une heure, le lendemain à une autre ; ils ne se soucient pas de ce qu'ils mangent et prennent tout ce qu'un cuisinier désinvolte choisit de leur envoyer ; ils attendent quelqu'un lorsqu'ils ont eux-mêmes faim, par simple courtoisie domestique ; et quand leurs maris sont absents, elles prennent du thé et des biscuits, car cela ne vaut pas la peine de donner aux domestiques la peine de cuisiner pour elles seules. Dans tous ces cas et dans bien d'autres encore, la vitalité est continuellement perdue, et à chaque perte de vitalité correspond un accès d'inertie lente, glaciale et frissonnante.

C'est une grande erreur que d'apprendre aux femmes dès l'enfance qu'il est méritoire , dans leur sexe, de cacher leurs propres besoins et de remettre leur propre convenance à celle de leur père, de leur frère, de leur mari et même de leur serviteur. Car à la fin , ils s'effondrent et se retrouvent dans un état de mauvaise santé dans lequel toutes les rouages de la vie tournent au ralenti. Le problème, en un mot, c'est que les femmes *n'ont pas de femme* - personne pour leur rappeler quand elles ont un courant d'air ou lorsqu'elles arrivent les pieds mouillés, personne pour leur apporter une boisson chaude lorsqu'elles ont froid et pour conjurer les petits maux. (qui deviendront bientôt de grands) par des soins et une attention aimants, attentionnés et constants.

Toutes les femmes savent combien il est difficile de vivre une vie habituelle de travail et de divertissement dans une condition physique bien inférieure à la force requise. Rien ne provoque cette condition comme un refroidissement chronique. Aucune vitalité ne peut y être acquise et beaucoup de choses peuvent être continuellement perdues. C'est pourquoi il faut essayer tous les plans qui promettent d'élever la température à un niveau sain. Essayez l'effet d'une pièce chauffée à 68° et de nombreux vêtements chauds et constamment chauds.

Une petite question d'argent

« C'est DÉSAGRÉABLE de ne pas avoir d'argent », dit M. Hazlitt ; en fait, manquer de vertu à cet égard est devenu une sorte de délit social ; car tant au niveau national que personnel, nous répugnons à admettre une calamité aussi tragique. Nous pouvons affirmer que, ayant de la nourriture et des vêtements, nous en sommes satisfaits et que nous ne rencontrerions pas les périls et les pièges d'une immense richesse ; mais sommes-nous bien sûrs que cette humilité et ce contentement ne sont pas un bon nom pour désigner le fait d'être trop paresseux pour gagner de l'argent, ou trop extravagant pour le garder ? Encore une fois, si tous se contentaient de la simple satisfaction de leurs besoins – si personne ne voulait être riche – personne ne serait travailleur ou frugal, ni ne s'efforcerait d'acquérir des connaissances. Qui donc construirait nos églises et dotera nos collèges ? Qui enverrait des missionnaires et encouragerait la science et les inventions ? Les raisins dorés sont peut-être hors de notre portée, mais ils sont un fruit noble lorsqu'ils sont pressés par des mains bienveillantes et ont gracieusement donné au monde leur vin de consolation.

Le fait est que nous sommes arrivés à une époque où le manque d'argent est une maladie morale aussi grave que l'amour de l'argent. Cette dernière position est une vérité admise ; le premier commence seulement à faire valoir ses prétentions auprès des moralistes de profession. Quelle que soit la vertu particulière qu'il y avait dans la pauvreté, elle semble être en contradiction directe avec l'esprit d'aujourd'hui ; car il ne fait aucun doute que la prospérité du monde est désormais considérée comme l'un des fruits légitimes de l'Évangile. L'Église moderne étend les mains et saisit la promesse de la vie présente et de celle à venir. Pourquoi pas? L'argent donne un pouvoir de faire le bien que rien de matériel ne peut égaler. Même « La Vérité » doit désormais dépendre de la monnaie, et les sociétés les plus évangéliques paient aussi bien des trésoriers que des missionnaires.

La somme d'argent dans la poche d'un homme est un facteur moral important. Celui qui a beaucoup d'argent liquide et n'est pas de bonne humeur a besoin d'un changement profond , et rien d'autre que la naissance de nouveau ne le guérira. Mais l'homme qui se trouve dans un état de pauvreté chronique est un homme placé dans des relations égoïstes avec tous ceux qui l'entourent. Comme il est difficile pour un tel être d'être généreux, juste et sympathique ! Il est presque obligé de regarder ses semblables avec l'œil d'un marchand d'esclaves, de se demander : en quoi peuvent-ils me profiter ? Que puis-je y gagner ? Il doit se marier pour de l'argent, ou ne pas se marier faute d'argent. Son amitié est une sorte de trafic. Sa religion est sujette à considérations, car soit il ira à l'église pour une certaine connexion, soit il n'y ira pas du tout à cause des collectes.

Aujourd'hui, le christianisme possède une abondance de force vive pour répondre à ce besoin et à tous les autres besoins particuliers de notre époque. Il ne fait aucun doute que l'argent est le principe de notre gravitation sociale, et nous avons besoin de prédicateurs qui n'auront pas peur de nous dire la vérité, même si personne ne l'a jamais dit de cette manière auparavant . Nous acceptons sans hésitation tout ce qui a été dit sur les méfaits de l'amour de l'argent ; Certains de nos maîtres spirituels nous diront-ils comment éviter les maux et guérir la détresse morale et physique causée par le manque d'argent ? Qu'il s'agisse d'un mal gigantesque, nous en avons la preuve constante dans les journaux quotidiens ; dans le meurtre, le vol, le suicide, la misère domestique et la cruauté. Ces criminels sont bien plus rarement influencés par l'amour de l'argent que par le manque d'argent. Si, au lieu de se retrouver sans un dollar, ils en avaient eu suffisamment pour leurs besoins, auraient-ils couru de tels risques, encouru une telle culpabilité, misé leur vie sur une chance désespérée, l'auraient-ils jeté dans une misère désespérée ?

Bien entendu, le mot « suffisant » est très élastique. Cela peut être si modéré et tempéré ; et encore une fois , il peut saisir l'impossible. « Mes besoins, dit le comte Mirabel, sont peu nombreux : une belle maison, de belles voitures, de beaux chevaux, une garde-robe complète, la meilleure loge d'opéra, le premier cuisinier et beaucoup d'argent de poche, c'est tout ce dont j'ai besoin. » Il trouvait ses désirs très modérés ; l'Écossais aussi, qui, priant pour une compétence modeste, ajouta : « et pour qu'il n'y ait pas d'erreur, que ce soit sept cents livres par an, payées trimestriellement d'avance ». Il y a en effet toutes sortes de difficultés liées à cette question, et chacun peut s'y retrouver. Mais il doit aussi y avoir une issue ; et si nos guides inspectaient un peu le terrain, ils gagneraient et recevraient nos remerciements. Car sans aucun doute, ce manque d'argent est une aussi grande provocation au péché que l'amour du péché. Une bourse vide est aussi pleine de mauvaises pensées qu'un mauvais cœur ; et le Père qui attribua à l'homme sept anges gardiens et en fit planer cinq autour de ses poches, vides ou pleines, connaissait bien ses points les plus vulnérables.

Mission du Mobilier de Maison

ONT-ILS réellement une influence morale et émotionnelle ?

Certainement . Pas très évidents peut-être, mais omniprésents et toujours persistants dans leur caractère ; puisqu'il n'y a pas de jour — à peine une heure — de notre vie où nous ne soyons pas, passivement ou consciemment, soumis à leurs influences. Nos envies d'élégance des formes, de lueurs et de reflets de lumière et de couleurs, nous élèvent et nous civilisent insensiblement ; et les hommes et les femmes condamnés à la monotonie des murs nus et des environnements peu pittoresques – qu'ils soient des dévots dans des cellules ou des criminels dans des cachots – sont d'autant moins humains faute de ces choses. Le besoin est donc un mal moral direct et une cause d'imperfection.

Le désir d'un bel environnement est un instinct naturel dans un esprit pur. La ténacité avec laquelle les gens qui vivent dans des rues tristes et qui ne voient jamais un lever de soleil, ni un sommet de montagne, ni un horizon ininterrompu, s'y accrochent est prouvée de tous côtés par le pittoresque que maintes femmes de mécanicien confèrent à leurs petits douze ans. pièces de pieds carrés. Et c'est merveilleux avec quelles matières élancées elle satisfera cette faim de l'œil pour la beauté et la couleur. Quelques boîtes de conserve brillamment polies, les couvertures et coussins en patchwork aux nombreuses nuances, les rayures gaies du tapis de chiffon, le pot de lierre ou de géranium écarlate, le poêle noir brillant, avec sa lueur et sa lueur de feu et de chaleur, sont fabriqués par un charme subtil d'arrangement à la fois satisfaisant et suggestif.

Malgré tous les arguments sur l'économie de la « pension », qui ne respecte pas les hommes ou les femmes qui, au prix de sacrifices, évitent une pension et s'installent chez eux ?

Un homme sans foyer a jeté une ancre ; une atmosphère d'incertitude l'entoure ; il annonce sa tendance à se libérer des saines contraintes. La force de cette influence familiale est si fortement perçue aujourd'hui que les plus sages de nos marchands refusent d'employer des garçons et des femmes sans foyer, tandis que la préférence universelle est en faveur des hommes qui ont pris la tête de la maison et ont ainsi été livrés en otage à la société. pour leur bon comportement.

Mais une maison n'est pas une *maison* jusqu'à ce qu'elle soit balayée et garnie, et qu'elle contienne non seulement de quoi rafraîchir le corps, mais aussi quelque chose pour le confort du cœur, l'élévation de l'esprit et le plaisir des yeux.

Si nous voulons bien évaluer la puissance morale des meubles, considérons jusqu'à quel point il nous est possible de nous y attacher. Il y a des chaises qui sont pour nous des objets sacrés : la grande et facile, dans laquelle s'assit quelque saint attendant patiemment les anges ; la petite chaise haute qui était le trône d'un bébé chéri jusqu'à ce qu'il « parte un matin » ; la bascule basse, dans laquelle la mère allaitait toute la famille composée de fils vaillants et de jolies filles.

Demandez à n'importe quel étudiant ou écrivain expérimenté à quel point il aime son vieux bureau, avec ses casiers bien rangés et ses commodités familières. N'ont-ils pas entre eux bien des secrets qu'eux seuls comprennent ? Ne sont-ils pas familiers ? Pourraient-ils se séparer sans grande tristesse et sans regrets ? Rien n'est plus certain que nous nous imprimons sur la matière morte et lui donnons une sorte de vie. Existe-t-il un tableau plus pathétique que celui de l'étude de Dickens après sa mort ? Pourtant aucune figure humaine n'est présente ; il n'y a que des meubles, le bureau sur lequel il a écrit ces merveilleuses histoires et la chaise vide devant.

Rien que la chaise vide et le bureau confidentiel pour parler au nom du maître mort ; mais avec quelle éloquence ils le font !

Nos meubles doivent donc être faciles et familiers. Nous ne pouvons pas donner notre cœur à ce qui est inconfortable, aussi pittoresque ou riche soit-il. Et s'il est toujours agréable d'avoir des couleurs et des formes assorties avec un goût parfait, il n'est pas désirable d'avoir un effet si parfait qu'on craigne de s'en servir, de peur de le détruire. Aucun meuble ne doit être si beau qu'on n'ose allumer un feu de peur de le fumer, ou laisser entrer le soleil de peur de l'éteindre. Dans de telles pièces, nous ne nous prélassons pas, ne rions pas, ne mangeons pas, ne nous reposons pas et ne vivons pas, nous existons seulement.

Le caractère propre des salons est celui de la gaieté et de la gaieté. Ceci est atteint par des teintes claires, des couleurs et des dorures brillantes ; mais les couleurs les plus vives et les contrastes les plus forts doivent se trouver sur les meubles, et non sur les murs et les plafonds. Ceux-ci doivent être de couleur subordonnée, sinon l'effet sera théâtral et vulgaire.

La salle à manger doit être une des plus agréables de la maison ; mais c'est généralement au sous-sol. Ce devrait être une pièce dans laquelle rien ne nous rappelle le travail ou l'effort, car nous y sommes allés pour manger et nous rafraîchir. Quelques fleurs, un plat de fruits, du linge et de la porcelaine enneigés , du verre et de l'argent scintillants, un agréable mélange de teintes chaudes et neutres sont des incontournables. Pour les ornements, les porcelaines rares, les vases indiens, les jarres orientales évoquant de beaux cornichons ou des friandises rares, et quelques tableaux sur les murs, ne représentant que des sujets agréables et assez grands pour être examinés sans effort, sont les meilleurs.

Avantages de la localité, un convive raffiné saura toujours percevoir et s'approprier. Ainsi , je dînais fréquemment avec une dame et un monsieur qui, au printemps, changeaient toujours la position de la table, de manière à ce qu'en mangeant, ils puissent regarder par les grandes fenêtres ouvertes, voir les fleurs de pommier onduler et respirer l'air parfumé, et écoutez les chants du soir des oiseaux. Les chambres doivent être claires, propres et gaies ; de plus grands contrastes sont admissibles entre la chambre et les meubles, puisque le lit et les rideaux des fenêtres forment une masse suffisante pour équilibrer une teinte d'égale intensité sur les murs. Pour la même raison, les tapis gais et clairs sont souvent agréables et ornementaux.

Les escaliers, les halls d'entrée et les vestibules doivent être d'un ton froid, de couleurs simples et exempts de contrastes. Ici, les effets doivent être produits par la lumière et l'ombre plutôt que par la couleur. Tout le monde a dû remarquer que certaines maisons, dès que les portes sont ouvertes, paraissent lumineuses et gaies, tandis que d'autres sont mélancoliques et ternes. La différence est causée par le bon ou le mauvais goût avec lequel ils sont tapissés. Mais qui peut dire quels événements peuvent naître d'une chose aussi simple que les premières impressions d'un visiteur important ? Et ces impressions peuvent involontairement recevoir leur ton primaire d'un papier de salle clair, joyeux ou terne et sombre.

Toutes les pièces ouvertes au public doivent avoir un certain air de disposition conventionnelle ; mais le salon de chaque maison devrait être une pièce de caractère et d'individualité. Voici le sanctuaire même des Lares et des Pénates. Voici la chaise et le tricot de grand-mère, le panier à ouvrage de maman et le canapé sur lequel papa se prélasse et lit son journal du soir. Voici les fleurs d'Annie, le chevalet de Mary et les manuels de classe tant abusés de Jack. Ici, les filles s'entraînent , les garçons gréent leur bateau et maman regarde sérieusement les livres de la maison. Dans cette pièce, les papiers illustrés traînent, le volume préféré de chacun est sur la table et les murs sont consacrés aux portraits de famille. Dans cette salle se tiennent les conseils de famille et les chers malades ramenés à la vie. Ici, les garçons viennent se dire « au revoir » lorsqu'ils partent à l'école ou pour affaires. Ici, les filles, dans leurs gaies robes de soirée, viennent pour le dernier baiser badin de papa et pour la dernière admiration et la dernière admonestation de maman. Ah ! cette chambre ! ce cher salon désordonné et démodé ! C'est la citadelle de la maison, le *cœur même de la maison* .

Nul ne peut nier l'influence que le foyer de l'enfance exerce sur eux, jusqu'à leurs cheveux blanchis ; le souvenir d'une personne heureuse et confortable vaut mieux qu'un héritage. Les filles et les garçons qui en sortent ont un idéal positif à réaliser. Il n'y a aucune spéculation dans leurs efforts ; ils *savent* que leur maison est « Sweet Home ». Mais dans toutes leurs imaginations, les chaises, les tables, les rideaux et les tapis occupent une place de choix. Cette vie est tout ce dont nous avons pour affronter l'éternité, donc rien de ce qui la touche n'a peu d'importance. ItAvoir un environnement domestique confortable et approprié est quelque chose pour le corps, c'est bien plus pour l'esprit. Existe-t-il quelqu'un dont les sentiments et les énergies ne sont pas déprimés par une pièce froide, sans confort et en désordre ? Et qui ne ressent pas une exaltation positive de l'esprit à la lueur d'un feu vif et dans l'environnement confortable d'un appartement joliment meublé ?

Dieu ne nous a pas fait différer à cet égard. Une maison agréable est le rêve et l'espoir de tout homme et femme de bien. De même que Traddles et sa chère petite épouse avaient l'habitude de se faire plaisir en sélectionnant dans les vitrines le service en argent qu'ils envisageaient, de même de nombreux travailleurs honnêtes et pleins d'espoir s'attachent aux chaises et aux rideaux qui doivent orner leur maison bien avant de les posséder. Le rêve et l'objet constituent pour eux un grand gain moral. Peut-être en ont-ils d'autres, mais il est également possible que la possession de ces meubles soit la condition même qui rend possible des meubles plus élevés.

Comptez-en sur « Une société pour l'amélioration de l'ameublement des maisons des hommes pauvres » serait une étape franchie dans les bottes de sept lieues pour l' *élévation de la vie des hommes et des femmes pauvres* .

Les gens qui ont de bonnes impulsions

IL existe dans l'humanité une matière première – souvent très brute – qu'on appelle l'impulsion ou l'enthousiasme ; et certains sont très fiers de posséder cette excellence spasmodique. Ils parlent avec désinvolture de leurs « bonnes impulsions », de leurs « nobles impulsions », de leurs « impulsions généreuses », mais le fait est que la majorité des impulsions ne sont ni bonnes ni nobles ; alors qu'ils sont, de tous les guides des affaires humaines, les plus discutables. Car les impulsions ne proviennent pas de principes établis, mais plutôt d'une habitude d'esprit lâche – un esprit qui dérive et prêt à accepter toute nouvelle suggestion comme une « impulsion », une « inspiration », un « ordre ». Nous croyons beaucoup trop facilement aux mensonges sur l'émotion et au génie erratique, et nous nous laissons imposer par des gens pointilleux et impulsifs ; car si nous sommes alliés avec eux, il est impossible d'échapper à l'imposition ; car nous devons être assez patients pour deux, et ainsi supporter un fardeau excessif de courtoisie et de bonnes manières.

On peut dire qu'une telle discipline ne doit pas être méprisée et pourrait devenir une leçon de grâce spirituelle. Mais si nous ne sommes pas malades, pourquoi devrions-nous prendre des médicaments ? Des leçons que Dieu nous donne, Il nous aide à apprendre, mais il n'y a aucune promesse pour ceux qui s'imposent pénitence. Et c'est une pénitence que de fréquenter des personnes impulsives et pointilleuses ; car si bonnes que soient leurs impulsions, ils ne sont tout simplement nulle part – en ce qui concerne un travail noble et durable – à côté de plans bien réfléchis, exécutés par des gens calmes et cohérents, qui savent ce qui peut être fait et le font, - juste autant l'année prochaine que cette année ; aussi bien dans un endroit que dans un autre.

Les ministres de l'Évangile connaissent peut-être ce fait mieux que tout autre mortel. Ils découvrent constamment à quel point les bonnes impulsions sont incertaines. Car ils n'ont pas l'habitude de se matérialiser en bonnes actions ; ce sont des prétendants évanescents à la justice ; ils racontent des histoires plus flatteuses que celles jamais racontées par Hope. Très vite, le ministre calme et pratique découvre que l'impulsion et l'enthousiasme ne sont que des vertus rudimentaires, rarement disponibles pour un travail réel et bon. Les hommes de service, que ce soit dans le travail spirituel ou temporel, sont des hommes que rien ne presse ni ne trouble ; qui ne sont jamais pressés et jamais trop tard. Ce ne sont pas des hommes impulsifs, mais considérés. Qu'ils souhaitent prononcer un sermon ou respecter un rendez-vous important, obtenir une haute fonction ou une somme d'argent, ou simplement prendre un train express, ils sont parfaitement cool et toujours à l'heure. Bien sûr, les gens impulsifs respectent leurs rendez-vous et prennent le train, mais oh, quelle histoire ils en font !

Malheureusement, les natures calmes et grandioses ne sont pas indigènes et nous ne faisons pas tout notre possible pour les cultiver. Si nous prenions plus de temps pour réfléchir, nous serions moins impulsifs, plus raisonnables, moins superficiels. Si nous nous précipitions moins, nous devrions aller plus vite. « Gagner la course lentement et sûrement » est un proverbe qui incarne une grande vérité. Les gens pointilleux et impulsifs ne vont jamais au fond des choses, ne portent jamais de jugement impartial, ne sont jamais maîtres d'une situation difficile ; car le pouvoir de délibérer, de conjurer les goûts et les aversions personnels, d'attendre, de savoir quand attendre et quand agir, sont des pouvoirs invariablement liés à une tête froide et à une volonté claire et calme. Mais aucune de ces grandes qualités ne répond à l'appel d'une impulsion. Même les bonnes impulsions n'ont aucune valeur pratique tant qu'elles ne se cristallisent pas en bonnes actions. Sans ce résultat, l'impulsion ou l'intention de faire de grandes choses peut constituer un grave danger spirituel ; l'âme peut se satisfaire de ses impulsions et de ses desseins, et s'appuyer sur eux ; oublier quelle place de regrets inefficaces est pavée de bonnes intentions.

Dans un certain sens, il est vrai que le pouvoir de prendre les choses d'une manière calme et pratique est souvent une affaire de pouls, et tant de battements, plus ou moins, par minute, rendent une personne difficile ou sereine. Mais cela n'est vrai que dans la mesure. La prévoyance et la préparation – prendre conscience de ce qui est susceptible d'arriver et de ce qu'il est préférable de faire – sont d'une grande aide pour rester calme et calme. La volonté peut aussi faire des miracles. Je crois à la volonté parce que je crois que la volonté humaine est la grâce de Dieu. Ceux qui disent « je ne peux pas » sont ceux qui pensent « je ne le ferai pas ». En outre, il existe des puissances célestes qui attendent pour aider nos infirmités. Paul n'a pas hésité à prier pour que son infirmité physique soit guérie, et la « grâce suffisante » qui lui avait été promise nous sera tout aussi librement accordée. En effet, je peux reposer la question ici, car c'est notre grande consolation : on ne peut pas trop parler de l'aide divine. Il gardera en parfaite paix tous ceux qui lui font confiance.

Inquiet à mort

DIRE « nous sommes morts d'inquiétude » est une expression courante ; mais comprenons-nous vraiment la terrible vérité de cette remarque ? Réalisons-nous que les chiens soucieux, anxieux et agités peuvent en fait nous déchirer et nous tourmenter jusqu'à la parésie, la paralysie ou la démence, et nous inquiéter pratiquement à mort, comme un colley inquiète un mouton ou un chat inquiète une souris. ? Et pourtant, si nous sommes des chrétiens et des chrétiennes, l'inquiétude est la seule chose qui n'est pas nécessaire ; car il y a plus de soixante avertissements dans la Bible contre cela ; et le terrain est si bien couvert par eux qu'entre le premier « N'ayez pas peur » et le dernier, toutes les anxiétés inutiles sont satisfaites, et il ne reste plus aucun sujet légitime d'inquiétude.

Sommes-nous préoccupés par les questions de viande et d'argent ? On nous dit de « considérer les oiseaux du ciel ; ils ne sèment pas, ils ne moissonnent pas et ils n'amassent pas dans des greniers ; pourtant, votre Père céleste les nourrit . N'êtes-vous pas bien meilleurs qu'eux ?

Avons-nous un ennemi malin à combattre ? N'ayez crainte ! « Si Dieu est pour nous, qui peut être contre nous ? »

Sommes-nous dans le chagrin ? « Moi, même moi, je suis Celui qui vous réconforte . »

Sommes-nous dans le doute et la perplexité ? «J'amènerai les aveugles par un chemin qu'ils ne connaissent pas. Je les conduirai sur des chemins qu'ils ne connaissent pas. Je rendrai devant eux les ténèbres lumineuses et les choses tortueuses redressées.»

Craignons-nous que notre travail dépasse nos forces ? « Il donne du pouvoir à ceux qui sont faibles ; et à ceux qui n'ont pas de force, il augmente la force.

Sommes-nous malades ? Il a promis de faire tout notre lit dans notre maladie.

Avons-nous peur de la mort ? Il nous a assuré que dans la vallée et l'ombre de la mort, il sera avec nous.

L'inquiétude n'est-elle pas pour nous-mêmes, mais pour notre femme et nos enfants qui se retrouveront sans soutien ni protection ? Même cette dernière inquiétude est prévue. « Laissez-moi vos enfants sans père , et que vos veuves se confient en moi, et je les garderai en vie. »

Or, si nous croyons réellement que Dieu a fait ces promesses, combien notre méfiance est honteuse ! Pensons-nous que Dieu ne tiendra pas sa parole ? Doutons-nous de sa bonne volonté à notre égard ? Lorsqu'Il dit qu'Il fera en sorte que toutes choses concourent à notre bien, le Saint ment-il à nos cœurs affligés ? Il y a trente ans , j'étais impuissant, sans le sou et sans amis, face à ces assurances de Dieu ; et en trente ans, il n'a jamais rompu une promesse. C'est un Dieu qui garde à la fois la miséricorde et la vérité. Je crois en sa bonté. J'ai confiance en ses soins. Je ne voudrais pas, en m'inquiétant, lui dire en face qu'il n'a ni le pouvoir ni la bonne volonté de m'aider et de me réconforter.

Les inquiets vivent sous un ciel très bas. Ils n'accordent rien aux probabilités et aux « aubaines ». Ils ne supportent rien pour aller par la foi. Tous les temps et tous les lieux leur fournissent du matériel. En été, c'est la chaleur et les chiens et l'hydrophobie. En hiver, c'est le froid, et le prix du charbon. Ils retirent toute la lumière et le confort des plaisirs de la maison ; et à l'étranger, leurs plaintes sont interminables. Pourtant, discuter avec les inquiets ne sert à rien ; convainquez-les à chaque instant, et l'instant d'après ils reviennent à leur vieux *credo agaçant et vaporeux* .

Que leur reste-t-il alors ? Ils doivent prier Dieu et s'aider eux-mêmes. L'égoïsme et l'égoïsme sont à la base de toutes les inquiétudes. S'ils se souvenaient simplement qu'il n'y a aucune raison pour qu'ils soient exemptés des épreuves communes de l'humanité, ils pourraient immédiatement s'élever vers un terrain plus élevé ; car même l'inquiétude est humanisée lorsqu'elle n'est plus purement égoïste et personnelle.

Ce sont généralement les gens oisifs qui s'inquiètent. Les hommes et les femmes dont chaque heure est remplie d'affaires sérieuses n'essaient pas de mettre deux heures de soin et de réflexion en une seule. Même une blessure ou une injustice positive échappe facilement à un homme honnêtement occupé. Il n'a pas le temps de dresser un catalogue de ses torts et de s'en soucier. Il confie simplement ses soins à Celui qui a promis de prendre soin de lui – de sa santé, de sa richesse, de son bonheur et de sa réputation ; pour tous les événements de sa vie et pour tous les espoirs de son avenir.

Les inquiets n'aimerais pas voir écrites toutes les choses douteuses qu'ils ont dites à propos de Dieu, et toutes les choses méchantes qu'ils ont dites à propos des hommes ; en outre, ils pourraient considérer qu'ils sont souvent inquiets à juste titre et ne subissent que la récompense qui leur est due par quelque folie qui leur est propre. Ne vaudrait-il pas mieux demander à Dieu de redresser ce qu'ils ont mal corrigé ? s'emparer de tout ce qui est bon dans le présent ; refuser d'attendre un éventuel changement pour le pire ? Je connais un homme bon qui, lorsqu'il se sent enclin à s'inquiéter des événements, prend un morceau de papier et écrit ses craintes, et affronte ainsi « l'escadron de ses doutes », constatant généralement qu'ils disparaissent à mesure qu'ils sont rassemblés.

Venez, prenons la gaieté pour compagne. Disons adieu à l'inquiétude. La gaieté nous fera ignorer les perplexités et les ennuis ; et aide-nous à nous élever au-dessus d'eux. Dieu aime un foie joyeux ; et lorsque nous considérons le péché et le chagrin, la pauvreté et l'ignorance de tous côtés de nous, nous pouvons très bien nous taire de tous les mots sauf ceux de gratitude et d'action de grâce. S'inquiéter est un tourment de soi. Elle se prépare toujours « au pire » et pourtant elle n'est jamais prête à y faire face. La gaieté est une sorte de magnanimité ; il n'écoute aucune récrimination ; il regarde les ombres ; il transforme la nécessité en gain glorieux ; et ainsi, respirant sur chaque don de Dieu, joie perpétuelle de l'Espérance, elle nous permet, au milieu d'hiers agréables et de lendemains confiants , -

Pour voyager sur le chemin commun de la vie,

Dans une piété joyeuse.

Les raisins que nous ne pouvons pas atteindre

LES raisins que nous ne pouvons pas atteindre ne sont pas, en général, des raisins aigres ; et c'est une sorte de philosophie méprisable qui prétend qu'ils sont tels. Pourquoi devrions-nous mépriser les bonnes choses parce que nous ne les possédons pas ? Cicéron dit en effet que « si nous n'avons pas de richesse, il n'y a rien de mieux et de plus noble que de la mépriser ». Mais cette affirmation était artificielle dans le cas de Cicéron, et elle n'est pas plus proche de la vérité aujourd'hui qu'elle ne l'était il y a deux mille ans.

En fait, sur la question de l'argent, cette maxime nous interpelle avec une grande force ; Car s'il est vrai que certaines des meilleures choses de la vie ne peuvent être achetées avec de l'argent, il est également vrai qu'il existe d'autres bonnes choses que seul l'argent peut acheter. Par conséquent, suivre le conseil de Cicéron et mépriser la richesse si nous ne l'avons pas, c'est mépriser beaucoup de choses excellentes ; et pas seulement cela, c'est mépriser aussi le pouvoir de communiquer ces excellentes choses aux autres. Les raisins dorés sont peut-être hors de notre portée, mais nous n'avons pas besoin de dire que le fruit est aigre ; Rendons plutôt grâce que d'autres aient su récolter et presser le riche millésime et donner gracieusement au monde son vin de consolation.

De la même manière, il est depuis longtemps de bon ton d'affirmer un mépris pour « la réputation de bulle », qu'elle soit recherchée sur le champ de bataille, au Sénat, au forum ou dans les études. Mais pourquoi mépriser l'une des plus grandes forces morales de l'univers ? Car lorsqu'un homme peut sortir de lui-même pour suivre le destin d'une idée, lorsqu'il peut tomber amoureux d'une cause, lorsqu'il peut lutter pour un bien public, lorsqu'il peut renoncer à la vie, s'il le faut, pour sa conviction, la « réputation » qui découlera sûrement d'une telle abnégation et d'un tel courage n'est pas une « bulle » ; c'est un fait glorieux, un fait grâce auquel le niveau général de l'humanité est élevé et le monde entier poussé en avant.

Je ne dis pas que toutes les personnes qui utilisent consciencieusement et au maximum leurs capacités un ou deux talents qu'elles possèdent ne sont pas aussi heureuses qu'elles peuvent l'être. Dieu merci! la vie peut être bien remplie avec de petites mesures. Mais si un homme ou une femme a reçu cinq ou dix talents, je dis qu'il n'a pas le droit de les garder pour son propre plaisir, en se basant sur des sentiments aussi bas que le vide de la renommée et la « bulle de réputation ». La renommée n'est pas une bulle ; c'est une puissance dont les réalisations bienfaisantes ont beaucoup contribué à faire de ce monde un lieu d'habitation confortable.

Un grand nombre de maximes ronflantes en usage aujourd'hui ont perdu leur application. Il fut un temps, il y a des siècles, où les humiliations qui accompagnaient toute ascension étaient suffisantes pour dissuader une âme sensible et honorable. Mais de tels jours sont révolus à jamais. Quiconque porte désormais de précieux cadeaux pour l'humanité trouve les portes levées et une large entrée prête pour lui. Les hommes et les femmes peuvent laisser la marque qu'ils sont capables de laisser, et le monde regarde avec un cœur compatissant. Ils ne trouveront pas sa « réputation » dans une « bulle ».

Un autre thème d'avertissement délicat et venteux de la part des philosophes du « raisin aigre » est le vide de l'amitié et le manque de sincérité générale du monde. Ils ont « vu à travers » le monde, ils connaissent toute sa fausseté et son inutilité ; et, comme le monde est bien trop occupé pour contester leurs affirmations ou pour se défendre, le discernement supérieur de cette classe de personnes n'est pas mis à profit pour rendre compte avec précision. En fait, cependant, les gens reçoivent généralement autant de considération du monde et autant de fidélité de leurs amis qu'ils le méritent. Un ami peut nous inviter à dîner, mais nous ne devons pas nous attendre à ce qu'il partage son sac avec nous. La communauté de goût et de sentiment n'implique pas la communauté de biens. Mais, malgré tout cela, l'amitié n'est pas creuse, et les raisins de son hospitalité ne sont pas non plus aigres.

Je remarquerai peut-être ici l'opinion répandue selon laquelle il n'existe plus aujourd'hui dans le monde une amitié telle qu'elle existait autrefois. « Il n'y a plus de David ni de Jonathan maintenant », disent les incroyants en l'humanité. C'est bien vrai, car David et Jonathan n'appartenaient pas au XIXe siècle. Pour entretenir une telle amitié, nous avons besoin, non pas d'une heure libre de temps en temps, mais d'une quantité de loisirs certains et continus. Il existe encore de grandes amitiés entre les garçons à l'école et les jeunes hommes au collège, car ils ont beaucoup de loisirs réguliers ; et cela est nécessaire pour signaler l'amitié. Quand nous aurons plus de temps, nous aurons des amitiés plus nombreuses et plus fortes.

La vanité de la vie, la tromperie des femmes, la fausseté de l'amour, l'impossibilité du bonheur, la disparition de tout ce qui est beau et de bonne réputation, sont de très vieux textes de plainte. Les hommes et les femmes parlent d'eux jusqu'à se sentir bien mieux que le reste du monde ; et de tels discours leur permettent de mépriser avec le juste mépris les hypocrisies de la société, c'est-à-dire de leurs voisins immédiats et de leurs proches connaissances, et favorisent une estime de soi confortable, mais dangereuse. Le monde, dans l'ensemble, est un monde bon pour ceux qui essaient d'être bons et de faire le bien, et il s'améliore chaque année. Au cours des cinquante dernières années, combien il a grandi ! Comme il est devenu sympathique, charitable, évangélisateur ! Oui, en effet, si nous choisissons de le faire, nous rencontrerons bien plus de bons cœurs que de mauvais, et les raisins les plus hauts ne sont pas aigres.

Fardeaux

IL existe deux sortes de fardeaux : ceux que Dieu nous impose et ceux que nous nous imposons. Lorsque Dieu met le fardeau sur le dos, il nous donne la force de le porter. Il n'y a jamais eu un chrétien qui, dans ses heures les plus las et les plus mornes, ne puisse dire : « Sa grâce est suffisante ». Si Dieu lui sourit, il peut sourire sous n'importe quel fardeau qu'il doit porter. Il peut gravir la « colline de la difficulté » en chantant et marcher avec confiance jusqu'au pays même de l'ombre de la mort. Car les fardeaux de Dieu sont faciles à porter ; parce qu'il marche avec nous, et quand le voyage est trop long et le fardeau trop lourd, et que nos cœurs commencent à faiblir et à s'évanouir, il est sûr de murmurer : « Recharge ton fardeau sur moi, et je te soutiendrai.

Les fardeaux difficiles à supporter sont ceux que nous nous imposons. Quel fardeau pour eux-mêmes et pour tous ceux qui les entourent que sont les paresseux et les chômeurs ! S'il s'agit d'un homme, des prières doivent être offertes pour sa famille et ses personnes à sa charge, car qui est si morbide et mélancolique, si mesquin et agité, si dévoré par le mécontentement et l'ennui, que l'homme qui n'a rien à faire ? Il y a un lion dans tous les sens pour lui. Il est hors de l'ordre de création de Dieu ; le monde occupé n'a aucune sympathie pour lui ; la société n'a aucune utilité pour lui ; personne ne se porte mieux pour sa vie et personne ne regrette sa mort. Il est simplement le champignon de l'humanité vivante, active et respirante. Les paresseux imposent sur leur dos un fardeau qui effrayerait les hommes qui ont combattu les vents et les vagues, qui ont fouillé les entrailles de la terre et qui ont lié à leur volonté les forces subtiles de l'électricité et de la vapeur.

Les fardeaux que nous nous imposons, nous devrons les porter seuls. Dieu ne va pas nous aider, et les anges se tiennent à distance ; Les hommes et les femmes de bien ne sont pas ici liés par l'injonction : « Portez les fardeaux les uns des autres ». L'envieux, l'orgueilleux, l'ivrogne, le séducteur, le râleur, le paresseux, etc., doivent supporter les fardeaux qu'ils s'infligent jusqu'à ce qu'ils périssent avec eux.

Si le royaume des cieux pouvait être pris par un merveilleux *coup d'État*, beaucoup seraient les premiers qui sont maintenant les derniers. Mais les grandes actions ne méritent pas beaucoup d'attention. Ils sont autochtones dans toutes les conditions de la société. C'est une belle vie qui n'est jamais un échec. Une grande vie composée d'une multitude de petits fardeaux gaiement supportés et de petites charges fidèlement gardées. Et c'est une sorte de guerre chrétienne, qui doit être menée spécialement dans le domaine familial. Beaucoup de professeurs, fidèles dans toutes les questions les plus importantes de la loi et du sanctuaire, et irréprochables aux yeux du monde, sont un roc d'offense dans leur propre maison. Sa femme doute de sa religion, ses enfants le craignent et ses serviteurs le traitent de maître dur. Il paie toutes ses dîmes de menthe, d'anis et de cumin à l'Église et à la société, mais pour les petits fardeaux de sa propre maison, il est pire qu'un publicain.

De petits fardeaux constituent la probation morale et religieuse d'une majorité de femmes, car elles n'ont que de rares occasions d' exercer une foi et un courage qui commandent aux yeux du monde. Mais ces fardeaux, bien qu'apparemment petits et restreints dans leur sphère, sont non seulement très importants dans leurs résultats, mais souvent singulièrement irritants. Des enfants malades et agités, des serviteurs impertinents et paresseux, un mari irréfléchi et irrégulier, cent autres fardeaux si petits qu'elle n'aime pas dire combien elle les sent lourds et combien ils la fatiguent, voilà « son combat » ; et parce que le Maître les lui a imposés, ne les portera-t-elle pas ? Le monde peut les qualifier de « petits fardeaux », mais il n'y a rien de petit aux yeux de l'Infini.

En aucun cas une femme ne peut cultiver aussi bien la beauté et la force de caractère qu'en supportant et en portant patiemment les petits fardeaux qui l'attendent chaque jour – les maux de tête et les maux de dents – la lassitude et la faiblesse inhérentes à sa position et à son état. Car c'est la gloire d'une femme que sa faiblesse ou sa lassitude n'enveloppe jamais une maison de tristesse, ni ne rende l'atmosphère électrique d'impatience et d'irritabilité. Porter joyeusement son fardeau, quel qu'il soit , n'est pas une petite victoire, et de telles victoires quotidiennes rendent la dernière grande facile à remporter. Il est difficile de mourir avant d'avoir appris à vivre ; mais la mort est facile à ceux qui ont vaincu la vie. Pour ceux-là, la tombe n'est qu'un dépôt de tous les fardeaux, un repos du travail et des obligations, tandis que leurs œuvres d'amour et de désintéressement les suivent avec fruit et bénédiction.

Nous ne devons pas oublier que dans notre voyage dans la vie, il y a des fardeaux que nous pouvons légalement nous approprier. Nous pouvons aider les faibles et ceux qui luttent à se relever lorsqu'ils sont tombés dans la bataille de la vie. Nous pouvons réconforter ceux qui sont « touchés par le doigt de Dieu ». On peut copier le Bon Samaritain, sans oublier l'huile et deux deniers. Nous pouvons essuyer les larmes des yeux de la veuve et de l'orphelin. En portant de tels fardeaux, nous nous retrouverons en bonne compagnie ; car dans les tabernacles de souffrance sanctifiée, nous pouvons nous rapprocher du divin porteur du fardeau ; et en transmettant des messages de miséricorde, nous pouvons rencontrer des anges allant dans le même sens.